Schloss [Tirol]

Residenzburg
der Tiroler Grafen

Leo Andergassen

SCHNELL † STEINER

Vorwort

Schloss Tirol ist und bleibt das symbolische Herzstück des Landes Tirol. Als namengebende Burg steht sie für die erfolgreiche Geschichte in der Frühzeit der Landwerdung Tirols. Innerhalb der europäischen Burgenlandschaft kommt der Burg aufgrund ihres Alters und ihrer besonderen Bauqualität eine besondere Stellung zu. Im 19. Jahrhundert gelang es im Geist des Historismus, das Mittelalter an der Burg „herauszuschälen". Damals begann eine neue Sicht auf die Burg, die als Nationaldenkmal erlebt wurde. Zahlreiche Landschaftsveduten fangen die Ansicht ein und beschäftigen sich mit der landschaftlich reizvollen Lage. Der Blick von Schloss Tirol ins Etschtal wird zu einer Ikone der tirolischen Landschaft. Mit der Aufstockung des Bergfrieds erhält Schloss Tirol auch ein neues „Gesicht", das heute aus den auch klischeehaften Tirol-Bildern nicht wegzudenken ist.

Das Land Südtirol übernahm 1974 die Burg in die eigene Verantwortung. In der Folge besorgten Sanierung und Restaurierung das Überleben des materiellen Denkmals. Auch wurde die Anlage zum Ort des Landesmuseums für Kultur- und Landesgeschichte. Auf Schloss Tirol kann neben der Burganlage auch ein interessanter Einblick in mittelalterliche und neuzeitliche Gesellschaftssysteme genommen werden. Der Bergfried beherbergt einen interessanten Überblick zur wechselvollen Geschichte Südtirols im 20. Jahrhundert.

Der vorliegende Führer referiert die wesentlichen Zeitabschnitte von Erbauung und Ausstattung und will auch nicht als konkurrierende Veröffentlichung zur umfassenden Baugeschichte verstanden werden, die 2016 erscheinen wird. Die Burg gehört zu den am besten erforschten mittelalterlichen Wehr- und Residenzanlagen Europas. Möge das in der vom Südtiroler Burgeninstitut herausgegebenen Reihe „Burgen" erscheinende Heft zu einem Begleiter zahlreicher BurgenbesucherInnen werden. Wer Schloss Tirol kennt und erfährt, macht sich mit der Bauikone Tirols das Herzstück Tiroler Geschichte zu Eigen.

Arno Kompatscher
Landeshauptmann von Südtirol

Geschichtlicher Überblick

Lage

Erinnerungstafel an Kaiser Leopold am Eingang des Knappenlochs

Das in den Quellen erstmals 1141 indirekt nachgewiesene Schloss Tirol liegt auf einem aus quartären Sedimenten gebildeten Burghügel nordwestlich von Meran, geologisch am Schnittpunkt zwischen dem Vinschgau und dem Passeiertal. Beeindruckend zeigt sich in der Ostansicht über dem mit Kastanienbäumen bestückten „Köstengraben" die Stratigraphie des Sedimentgesteins, das im hohen Grad der Erosion ausgesetzt ist. Die unterste Schicht bildet eine Parakonglomeratabfolge, es folgt eine Schichtung mit diamiktischem Material, dann eine Schotterschicht, darauf liegen zwei Sandschichten, auf denen wiederum eine Gemengeschicht aufliegt. Die Schichtung entstand vor 30.000 bis 10.000 Jahren, als sich die Gletscher der letzten Eiszeit zurückzogen und am Eisrand Sandablagerungen zurückließen. Die geomorphologische Situation stellt für die Burg eine beständige Bedrohung dar. In die Zeit um 1612 reichen Stützbauten im Köstengraben zurück. Die vom Baumeister, Bildhauer und Zeichenlehrer Jakob Ulrich Pirchstaller angefertigten Burgansichten, die anlässlich der Übergabe der Burg an Kaiser Franz I. 1816 entstanden (vgl. Umschlagklappe), dokumentieren bereits erfolgte Rückbauten im Bereich des Mushauses. Zur Hangsicherung wurden in der zweiten Hälfte des 19. Jahrhunderts Geschie-

besperren geplant, welche die älteren, nicht mehr erhaltenen gemauerten Sperren unterstützen sollten.

Der Zugang zum Schloss ist auch heute noch vom Dorf aus über das 52 Meter lange „Knappenloch" gegeben. Dieses wurde in der heutigen Form 1682 in der Regierungszeit von Kaiser Leopold I. (amt. 1658–1705) errichtet. Der vom Latscher Bildhauer Gregor Schwenzengast 1681 bearbeitete Marmorstein (das Original befindet sich in der Landesfürstlichen Burg in Meran) über dem Zugang zeigt unter dem Porträt des Kaisers folgendes Chronogramm: LeopoLDVs I. IMperator / gLorIosVs / VIrIs IVs / aVtor, vermerkt

4

sind zudem die Namen des Burggrafen Johann Georg von Künigl sowie des Kellners Jakob Andrä Voglmair. Ausgehoben wurde der Kanal von Bergknappen (vgl. beigegebenes Wappen) unter Anführung des Schwazer Bergmanns Simon Kramberger und des Maurers Simon Stolz; der Tunnel sicherte die Erreichbarkeit des Schlosses, deren Kapelle vor allem anlässlich der gestifteten Jahrtage aufgesucht wurde. Voglmair ließ am östlichen Tunnelende auch zwei Steine setzen, die den Namenszug „IESUS" und „MARIA" neben seinen Namen tragen, wohl ein Votiv für den glücklichen Ausgang der Arbeiten. Gleich bedeutend war aber immer schon der Aufstieg über den abschüssigen „Ochsentod" von Algund her, der an Thurnstein und der frühchristlich/frühmittelalterlichen Kirche St. Peter vorbeiführte und im weiteren Verlauf letztlich den Vinschgau über Schloss Auer mit dem Passeiertal verband und für die „Burger" (Bewohner des Burgfriedens) eine lebensnotwendige Verbindung darstellte. Diese hatten auch die Verpflichtung, für den Erhalt des Weges und der sog. „Köstenbrücke" zu sorgen.

Die Grafen von Tirol

Schloss Tirol ist eng mit den Grafen von Tirol verbunden. Die Anfänge liegen im Dunkel der Geschichte. Die Grundlagen für die Bildung eines Herrschaftsraumes liegen in der Übertragung der Herrschaftsrechte über die Grafschaft Trient und die Grafschaften Bozen und Vinschgau 1004 bzw. 1027 an den Bischof von Trient durch den römisch-deutschen König. Der Bischof von Brixen erhielt 1027 das Norital (Eisacktal und Inntal), 1091 das Pustertal. Die Verwaltung des bischöflichen Herrschaftsraumes wurde Vögten übertragen. 1077 wurde – einer spätmittelalterlichen Notiz nach – den bairischen Grafen von Eurasburg die Grafschaftsrechte an Etsch und Eisack übertragen. In den zur Zeit des Investiturstreits kaisertreuen Grafen von Eurasburg, auf die auch der Erstbau der Burganlage zurückzuführen sein könnte, liegen möglicherweise die Vorgänger der späteren Grafen von Tirol.

Die Grafen von Tirol werden erstmals 1141 genannt. Sie sind neben den Trienter Bischöfen, den Grafen von Eppan-Ulten, den Edelfreien von Matsch und weiteren Familien die sichtbarsten Machthaber im Etschtal. Die Position ihrer Burg bestätigt ihren Herrschaftsanspruch. Glück und Machtkalkül mehrte ihren Machtbereich. Mit dem Aussterben der Grafen von Morit-Greifenstein 1170 fiel ihnen der Bozner Raum zu. In der ersten Hälfte des 13. Jahrhunderts arrondierte der letzte Graf von Tirol, Albert III. († 1253) seinen Machtbereich, indem er sich den Herrschaftsraum der Trienter Bischöfe aneignete. Bischof Egno von Trient, selbst Familienmitglied der Eppaner, belehnte die Grafen von Tirol mit jenem der aussterbenden Grafen von Eppan. Albert erreichte im Brixner Hochstift die Verdrängung der Grafen von An-

Meinhard II., Kupferstich von Dominicus Custos aus „Tirolensium principum comitum", 1599

spruch. Seine Tochter Elisabeth ehelichte Otto, den letzten Grafen von Andechs, Adelheid den Grafen Meinrad III. von Görz. Durch den 1248 erfolgten Tod des ohne leibliche Erben verbliebenen Andechser Grafen fiel dessen Territorium an Albert, der sich ab 1213 offiziell „Dei gratia comes Albertus de Tirol" nennt. Weniger Glück hatte er allerdings mit seiner „Ostpolitik": Im Bündnis mit den Görzern fiel er 1252 in Kärnten ein, wurde dabei allerdings durch den Widerstand des Salzburger Erzbischofs und des Herzogs von Kärnten empfindlich geschlagen. Meinhards Söhne Meinhard II. und Albert gerieten in bischöfliche Gefangenschaft. Der achtjährige Verliesaufenthalt schürte bei Meinhard eine kirchenfeindliche Haltung, die sich nach der Freilassung im politischen Agieren bemerkbar machte. Gerade in Freiheit, ließ er sich vom Bischof von Trient die schon seinem Vater übertragenen Lehen des Hochstifts, die Vogtei über die Kirche von Trient sowie die Lehen der abgestorbenen Grafen von Eppan übertragen. Der Herrschaftsbereich der beiden Brüder Meinhard und Albert erstreckte sich vom Engadin bis nach Istrien. Bei der Teilung des Herrschaftsgebiets erhielt Meinhard den Raum westlich der Mühlbacher Klause. Albert, der die sog. Albertinische Linie der Tiroler Grafen begründete, bekam das Pustertal und den Görzer Raum. Durch die 1259 geschlossene Ehe mit der Wittelsbacherin Elisabeth, der Witwe des Stauferkönigs Konrad IV., verschaffte sich Meinhard II. territoriale Gewinne im Inn-

dechs, zumal diese sich 1208 angeblich an der Ermordung König Philipps von Schwaben beteiligt hatten, was zum Verlust ihrer Lehen führte. Der Graf von Tirol bemächtigte sich nicht nur der Vogtei über das Hochstift, sondern übernahm auch deren Grafschaftsrechte im Eisacktal und am Inn. Dies bildete letztlich die Voraussetzung für den entscheidenden Ausbau des Machtraumes, die Graf Meinhard von Görz-Tirol in der zweiten Jahrhunderthälfte gelang. Meinhard II. gilt als der Landeseiniger Tirols. Alberts Heiratspolitik erweiterte zudem den Territorialan-

Stammtafel der Tiroler Grafen

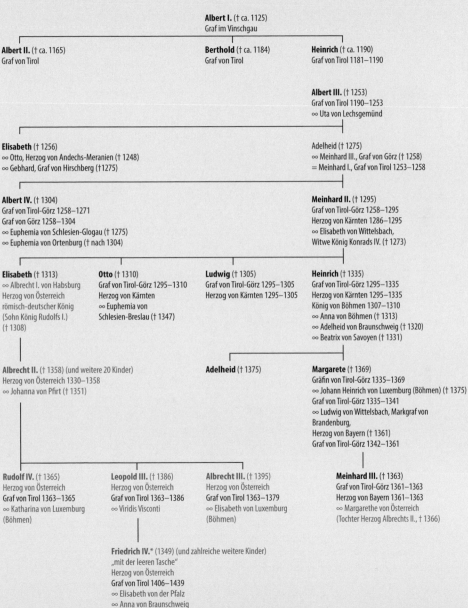

Albert I. († ca. 1125)
Graf im Vinschgau

Albert II. († ca. 1165)
Graf von Tirol

Berthold († ca. 1184)
Graf von Tirol

Heinrich († ca. 1190)
Graf von Tirol 1181–1190

Albert III. († 1253)
Graf von Tirol 1190–1253
∞ Uta von Lechsgemünd

Elisabeth († 1256)
∞ Otto, Herzog von Andechs-Meranien († 1248)
∞ Gebhard, Graf von Hirschberg (†1275)

Adelheid († 1275)
∞ Meinhard III., Graf von Görz († 1258)
= Meinhard I., Graf von Tirol 1253–1258

Albert IV. († 1304)
Graf von Tirol-Görz 1258–1271
Graf von Görz 1258–1304
∞ Euphemia von Schlesien-Glogau († 1275)
∞ Euphemia von Ortenburg († nach 1304)

Meinhard II. († 1295)
Graf von Tirol-Görz 1258–1295
Herzog von Kärnten 1286–1295
∞ Elisabeth von Wittelsbach,
Witwe König Konrads IV. († 1273)

Elisabeth († 1313)
∞ Albrecht I. von Habsburg
Herzog von Österreich
römisch-deutscher König
(Sohn König Rudolfs I.)
(† 1308)

Otto († 1310)
Graf von Tirol-Görz 1295–1310
Herzog von Kärnten
∞ Euphemia von
Schlesien-Breslau († 1347)

Ludwig († 1305)
Graf von Tirol-Görz 1295–1305
Herzog von Kärnten 1295–1305

Heinrich († 1335)
Graf von Tirol-Görz 1295–1335
Herzog von Kärnten 1295–1335
König von Böhmen 1307–1310
∞ Anna von Böhmen († 1313)
∞ Adelheid von Braunschweig († 1320)
∞ Beatrix von Savoyen († 1331)

Albrecht II. († 1358) (und weitere 20 Kinder)
Herzog von Österreich 1330–1358
∞ Johanna von Pfirt († 1351)

Adelheid († 1375)

Margarete († 1369)
Gräfin von Tirol-Görz 1335–1369
∞ Johann Heinrich von Luxemburg (Böhmen) († 1375)
Graf von Tirol-Görz 1335–1341
∞ Ludwig von Wittelsbach, Markgraf von
Brandenburg,
Herzog von Bayern († 1361)
Graf von Tirol-Görz 1342–1361

Rudolf IV. († 1365)
Herzog von Österreich
Graf von Tirol 1363–1365
∞ Katharina von Luxemburg
(Böhmen)

Leopold III. († 1386)
Herzog von Österreich
Graf von Tirol 1363–1386
∞ Viridis Visconti

Albrecht III. († 1395)
Herzog von Österreich
Graf von Tirol 1363–1379
∞ Elisabeth von Luxemburg
(Böhmen)

Meinhard III. († 1363)
Graf von Tirol-Görz 1361–1363
Herzog von Bayern 1361–1363
∞ Margarethe von Österreich
(Tochter Herzog Albrechts II., † 1366)

Friedrich IV.* (1349) (und zahlreiche weitere Kinder)
„mit der leeren Tasche"
Herzog von Österreich
Graf von Tirol 1406–1439
∞ Elisabeth von der Pfalz
∞ Anna von Braunschweig
*Friedrich IV. war der letzte auf Burg Tirol residierende Landesfürst und verlegte um 1420 seinen Sitz nach Innsbruck

Meinhard III., Darstellung von Giovanni Battista Fontana im Spanischen Saal von Schloss Ambras, 1571

Meinhard II. ist nicht zuletzt der entscheidende Ausbau der Residenzburg Tirol zu verdanken, auf der er eine moderne Verwaltung installierte, die eng mit jener landweit gestreuten vernetzt war. Die streng geregelte Verschriftlichung von Ein- und Ausgaben aus Straßenzöllen, den Haller Salzwerken und dem Münzgeschäft brachte den Erfolg der Finanzverwaltung mit sich. 1274 begann man mit dem ersten Steuerregister, 1288 wurde das Urbar zur Fixierung der grundherrlichen Abgaben angelegt. In der dem Protonotar unterstehenden Kanzlei waren bis zu 30 Notare beschäftigt, zu denen auch die Hofgeistlichkeit gehörte. Bewusst inszenierte Meinhard sein „Bild" auf den sog. Reitersiegeln, die ab 1286 auch an Meinhards Schild das Wappen des Herzogtums Kärnten trugen. Die „innere" Ordnung war durch die vier nicht vom Adel besetzten Hofämter des Marschalls, des Kämmerers, des Truchsesses und des Mundschenks gegeben. Der Burggraf von Tirol war für den militärischen Schutz der Anlage zuständig. Im Bedarfsfall konnten nicht nur die Dienstmannenburgen, sondern auch die Inhaber der Schildhöfe zur Verteidigung beigezogen werden.

Meinhards älteste Tochter Elisabeth († 1313) war mit dem römisch-deutschen König Albrecht I. († 1308) verheiratet, der Ehe entsprossen 21 Kinder. Nach dessen Ermordung durch den Neffen Johannes (Parricida) rächte sie sich an den Mördern und stiftete zur Erinnerung an ihren Mann in räumlicher Nähe zur Habs-

tal. Für die Herrschaftsansprüche seines minderjährigen Stiefsohns Konradin setzte sich Meinhard jedoch nicht ein. Dieser verstarb 1268 in Neapel durch Enthauptung. Den Schutz über die Bischöfe ließ sich Meinhard mit Geldzahlungen und territorialen Zugewinnen vergüten. Die Rechte des Adels wurden beschnitten, die Lehen ausgestorbener Adelsfamilien eingezogen. Seine Tochter Elisabeth verehelichte er mit Albrecht, dem Sohn des römisch-deutschen Königs Rudolf von Habsburg. In Rudolf fand Meinhard einen treuen politischen Weggefährten, der ihn auch in seinen Ansprüchen gegenüber den Bischöfen unterstützte. Rudolf erhob ihn 1286 als Dank für seinen Militäreinsatz gegen König Ottokar zum Herzog von Kärnten.

Exkönig Heinrich, Darstellung von Giovanni Battista Fontana im Spanischen Saal von Schloss Ambras, 1571

Exkönig Heinrich, Kupferstich von Dominicus Custos aus „Tirolensium principum comitum", 1599

burg das Klarissenkloster Königsfelden, in das sie auch mit ihrer Tochter Agnes eintrat.

Die strenge und konsequente Lebensführung des Vaters förderte bei den Söhnen Ludwig, Otto und Heinrich den Hang zu luxuriösem Gebaren, das sich in einem aufwändigen Lebensstil niederschlug. Verpfändungen der Gerichte und hohe Geldleihe waren die Folge. Heinrich war de facto für kurze Zeit König von Böhmen, zumal er mit Anna Přemyslovna, der Tochter Wenzels II., verehelicht war und nach der Ermordung des Schwiegervaters die Herrschaft über Böhmen übernahm, diese aber bald abtreten musste. Er trat 1310 die Herrschaft in Tirol an, wo sein Bruder Otto gerade verstorben war. Glücklos war Heinrichs Italienpolitik, als Statthalter der

großen Städte Padua und Treviso unterlag er der Übermacht der Cangrande della Scala. Auf Schloss Tirol, wo ein Brand 1302 größere Schäden vor allem im Ostpalas angerichtet hatte, ließ er in seinen späten Jahren die Kapelle neu ausstatten, er selbst residierte auf Zenoburg.

Aus seiner zweiten Ehe, die ihn mit Adelheid von Braunschweig verband, gingen zwei Töchter hervor. Adelheid war für das Regierungsgeschäft nicht geeignet. Dafür hatte Margarete ein untrügliches Geschick, sich als Gräfin von Tirol zu behaupten. Margarete, später mit dem Beinamen „Maultasch" wenig schmeichelhaft behaftet, ist die wichtigste Herrschaftsfigur des 14. Jahrhunderts auf Schloss Tirol. Ihre Biografie liest sich zuweilen als beeindruckende Schicksalserzählung. Im Alter von 12 Jahren wurde sie 1330 mit Johann Heinrich von Luxemburg vermählt, der erst acht Jahre zählte. Mit dem Tod ihres Vaters Heinrich ging das Herzogtum Kärnten für die Görzisch-Tiroler-Linie verloren. Die Verwaltung lag in den Händen von Johann Heinrichs Bruder Karl, dem späteren Kaiser Karl IV. Margarete besorgte sich die Unterstützung des heimischen Adels und vertrieb mit dessen Hilfe ihren Gatten. Dieser fand am 2. November 1341 Schloss Tirol verschlossen vor und musste abziehen. In der Folge verband sich Margarete am 10. Februar 1342 mit Ludwig von Brandenburg, dem ältesten Sohn von Kaiser Ludwig dem Bayern, ohne etwa die kirchenrechtlich vorgeschriebene Ehedispens abzuwarten. Ein 17-jähriges Interdikt (Verbot sakramentaler Handlungen) war die von der Amtskirche diktierte Strafaktion. Darin

lag auch der Grund für Margaretes Diffamierung. 1347 konnte sich Margarete erfolgreich gegen die Truppen Karls IV. zur Wehr setzen, der Burg Tirol belagerte. Allerdings rächte sich anschließend der Kaiser an den Städten Meran und Bozen, die er in Brand setzte. Unter Ludwig von Brandenburg wurde die Position des Landeshauptmannes grundgelegt. Die Kritik des heimischen Adels forderte seine Herrschaftspraxis heraus, sich mehr mit Gefolgsleuten aus Bayern und Schwaben zu umgeben. Die Tiroler Kanzlei wurde 1347 der bayerischen unterstellt. Nachdem Ludwig 1361 verstorben war, übernahm sein Sohn Meinhard zunächst von München aus die Regierungsgeschäfte, allerdings nur für eine kurze Zeitspanne, zumal er im Jänner 1363 aus dem Leben schied. Daraufhin musste Margarete die Nachfolge regeln. Nur wenige Tage nach Meinhards Tod setzte sie am 26. Jänner in

Leo Putz, Hochzeit Margaretes von Tirol mit Johann Heinrich von Böhmen, 1926 (Gauting, Privatbesitz)

Siegel der Margarete von Tirol, 1363 (Innsbruck, Tiroler Landesarchiv)

Margarete von Tirol, Kupferstich von Dominicus Custos aus „Tirolensium principum comitum", 1599

Joseph Anton Zimmermann, Margarete von Tirol, 2. Hälfte 18. Jahrhundert

Bozen die österreichischen Herzöge Rudolf, Albrecht und Leopold als neue Landesherrn ein. Tirol war somit an das Haus Habsburg übergegangen. Margarete hatte sich zunächst noch eine Mitregentschaft vorgestellt, verzichtete aber bald darauf auf Rudolfs Druck hin. Sie verstarb 1369 in Wien und wurde in der Minoritenkirche beigesetzt. Repräsentatives Zeichen der neuen Machtübernahme durch Leopold und Albrecht war der kurz nach Margaretes Tod für die Burgkapelle in Auftrag gegebene Altar von Schloss Tirol. Doch geradezu entgegengesetzt war das wirkliche Interesse der Habsburger an Schloss Tirol, dessen Bedeutung stetig sank. Friedrich IV. mit der leeren Tasche, Sohn Leopolds,

wurde 1406 Landesfürst von Tirol. Aus strategischen Gründen verlegte er um 1420 die Residenz von Meran nach Innsbruck und besiegelte damit den prosperierenden Aufstieg der Stadt am Inn. Für landesfürstliche Reisen wurde als Unterkunft die unter Erzherzog Sigmund um 1480 erbaute Landesfürstliche Burg in Meran genutzt. Schloss Tirol hatte lediglich seine Bedeutung im Memorialgeschäft gestifteter Gottesdienste. Auch die Residenz des Tiroler Landeshauptmanns wurde mit Leonhard von Völs auf Schloss Prösels übertragen. Auf der Burg hatte seit dem ausgehenden 16. Jahrhundert ein Unterhauptmann seinen Sitz, der sich oft vergebens um die Instandhaltung der Anlage bemühte.

Die Frühe Neuzeit

Archivalische Nachrichten verlauten immer wieder die Notwendigkeit baulicher Instandsetzung. 1528 befand sich die Köstenbrücke in einem Zustand, dass weder das Befahren mit Wagen noch mit Pferden möglich war. 1530 sollten eine Kemenate sowie ein Stall für Kapaune und Hennen gebaut werden, beides sollte die Summe von 100 Gulden nicht überschreiten. 1532 gab Hans Sinkmoser, Kellner zu Tirol, den Auftrag, vom Mushaus aus eine Tür in den ungedeckten Bergfried zu brechen und dort eine Stube, eine Kammer und einen gewölbten Raum zu schaffen, dann den Turm mit einem Dach abzuschließen. Die Kosten sollten 200 Gulden nicht übersteigen. 1577 dachte die oberösterreichische Regierung daran, auf Schloss Tirol ein neues Gefängnis zu errichten, da das alte unbrauchbar war. 1616 mussten 36 vorhandene komplette Rüstungen an das Zeughaus nach Innsbruck überführt werden.

1638 setzte sich Landesfürstin Claudia de Medici für das Schloss ein. Immerhin hatte ein Unterhauptmann das Schloss stets zu bewohnen. 1641 legte Unterhauptmann Balthasar Wohlgeschaffen einen Zustandsbericht vor, zugleich einen Kostenvoranschlag des Bozner Baumeisters Jakob Delai. Der in die Instandhaltungsarbeiten eingebundene Innsbrucker Verwaltungsbeamte Elias Gumpp meinte es mit Schloss Tirol nicht so gut, er trachtete die geschätzte Restaurierungssumme zu unterschreiten, indem er nicht baufällige Teile am Ostpalas und den Zubau am Zwinger schleifen ließ. Das Ergebnis war enttäuschend.

Doch es sollte noch schlimmer kommen. Im Zuge der Bayerischen Besatzung in den Freiheitskriegen geriet die Burg in das Visier der neuen Machthaber. Schloss Tirol wurde geplündert und 1807 öffentlich versteigert. Im selben Jahr besuchte Kronprinz Ludwig in Begleitung eines Adjutanten Schloss Tirol. In Meran hatte er in Schloss Winkel übernachtet, welches er sofort erwerben wollte. 1809 ritt Andreas Hofer mit zahlreicher Begleitung auf die Burg, in der Joseph Freiherr von Hormayr das Besitzergreifungspatent verlas. Noch im selben Jahr wurden 800 Gefangene aus Sachsen und Bayern am Schloss vorbeigeführt. 1813 gab es anlässlich der Einnahme von Paris eine Schlossbeleuchtung. Baron Sebastian Hausmann erwarb die Burg um 2.400 Gulden und trug sich mit dem Plan einer Schleifung, da er Dachziegel und Eisen veräußern

Sogenannter Brautbecher der Margarete von Tirol, um 1340 (Kunsthistorisches Museum Wien, Schloss Ambras)

Eduard Gurk, Ferdinand I. wird in der Sänfte nach Schloss Tirol getragen, 1838 (Bozen, Südtiroler Landesarchiv)

wollte, um damit das Dach der Pfarrkirche von Tirol neu zu decken. Er brach schon die alte, gewölbte Küche neben dem Bergfried ab. Um die Burg zu retten, erwarb diese der Burghofbauer Joseph Kofler um 3.600 Gulden. Schließlich ging das Schloss an Josef Glatz, der es 1814 in den Besitz der Stadt Meran brachte. Als Tirol 1816 an das Kaiserreich Österreich fiel, schenkte es die Stadtgemeinde im Rahmen einer Huldigungsfeier am 20. Mai 1816 dem Kaiser Franz I. Damit war das Schloss zur „Kaiserburg" aufgestiegen. Ein Schlosshauptmann und ein Pförtner wurden wieder eingestellt. Aus Kostengründen wurde bereits 1880 die Stelle des Schlosshauptmanns gestrichen.

Die Nutzung blieb bescheiden. Bis ins frühe 19. Jahrhundert hinein fand auf dem Schloss das jährliche „Saltnersetzen" statt, an dem der Kelleramtspropst in Meran vor versammelten Landrichter, Geistlichkeit und Saltnern (Weinberghüter) die Statuten vorzulesen hatte (Bericht Veit Jordan). 1817 wurden die letzten aus Tirol stammenden Zimelien durch den Direktor der Ambraser Kunstsammlung, Alois Primisser, nach Wien verbracht, darunter der silberne Trinkbecher (sog. „Brautbecher" der Margarete von Tirol), die Wachstafel mit wirtschaftlichen Auf-

Eduard Gurk, Festliche Belehnung des Sandwirtsgutes auf Schloss Tirol, 1838 (Bozen, Südtiroler Landesarchiv)

Eduard Gurk, Schlossvogt Johann Hofer, 1840
(Bozen, Südtiroler Landesarchiv)

Eduard Gurk, Schlosshauptmann Andreas Illmer,
1840 (Bozen, Südtiroler Landesarchiv)

zeichnungen, das hölzerne Kamm-
fragment sowie der Kokusnussbe-
cher. Im Burghof lag noch 1818 eine
alte gusseiserne Kanone, die man
anlässlich der Amtseinführung von

Dekan Johann Nepomuk von Tschi-
derer nach Meran brachte und dort
an einen Schmied verkaufte.
Im frühen 19. Jahrhundert wurde
Schloss Tirol als landespolitischer

Leopold Kupelwieser, Kaiser Franz I., 1816   Anton Einsle, Kaiser Ferdinand I., 1841

Symbolort erkannt und somit zum Austragungsort von „patriotischen Aktionen". 1818 ließ sich Kaiserin Maria Luise, Napoleons Gemahlin, in einer Sänfte auf das Schloss tragen. Einen Höhepunkt bedeutete der Besuch von Kaiser Ferdinand I. Hierher begab er sich im Rahmen seiner Krönungsreise, die ihn von Wien nach Mailand führte, wo er mit der Eisernen Krone der Langobarden zum König von Italien gekrönt worden war. Auch Ferdinand ließ sich am 20. August 1838 in der Sänfte von Meran zum Schloss tragen, um dort im noch barockisierten Palas im südwestlichen Raum des zweiten Stockes (vgl. Pläne von Pirchstaller) die festliche Belehnung des Sandwirtsgutes an den Enkel Andreas Hofers vorzunehmen. Der Wiener Hofmaler Edu-

ard Gurk (1803–41) hielt die Zeremonie in Aquarellen und Zeichnungen fest. Zwei Jahre später verfertigte Gurk auch die erste farbige Wiedergabe des romanischen Kapellenportals. Auch porträtierte er die beiden Schlosshauptleute Johann Hofer (1829–38) und Andreas Illmer (1840–55). Gurk sollte zudem zur historisierenden Restaurierung herangezogen werden. Sein Ende März 1841 in Palästina erfolgter Tod vereitelte jedoch das Vorhaben. In Erinnerung an die neuen Besitzer erhielt das Schloss überaus qualitätsvolle Kaiserbildnisse Franz I., dieses von Leopold Kupelwieser (1796–1862), von Ferdinand I. vom Hofmaler Anton Einsle (1801–76), und des noch jugendlichen Franz Joseph I. vom gesuchten Porträtisten Franz Eybl (1806–80).

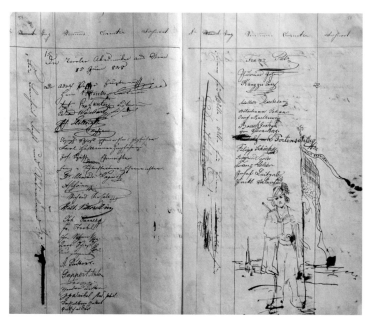

Gottfried Seelos, Die Wiener Akademische Gesellschaft übergibt Schloss Tirol die Fahne, Besucherbucheintrag, 15. Juni 1848

1844 besuchten die drei Erzherzöge Franz Josef, Maximilian und Carl Ludwig in Begleitung des Kreishauptmanns sowie des Sohnes von Baron Hausmann, Emanuel von Hausmann, das Schloss. Der geschichtsversierte Johann Jordan führte die Gesellschaft durch die Burg. Doch auch aus dem Süden kamen Gäste: 1865 besuchte der Herzog von Modena, Francesco V. d'Este, in Begleitung seines Sohnes incognito die Burg; mit Eseln waren sie bis zum Knappenloch geritten, dort abgestiegen, um zu Fuß das Schloss zu erreichen.

Als „politische Wallfahrt" wurde das Schloss im Revolutionsjahr 1848 von der „Wiener Akademischen Kompagnie" der Tiroler Schützen unter der Leitung von Dr. Adolf Pichler genutzt, die im Zuge von Grenzverteidigungen im Süden (Trentino) am 15. Juni ihre Fahne dem Kastellan überreichten. Im Besucherbuch ist die Szene grafisch festgehalten, unter den Studenten befand sich auch Anton Geppert, der sich später um die Erhaltung der Bausubstanz bemühen sollte.

1849 ließ sich Kaiserin-Mutter Sophie Friederike in Begleitung der berühmten schwedischen Opernsängerin Jenny Lind auf das Schloss tragen. Im Jahr darauf sollte die ruinöse Anlage die kaiserliche Familie beherbergen, was aber aufgrund nicht sofort durchführbarer Restaurierungen vereitelt wurde. Am 22. August 1850 kam dafür Ferdinand Max samt Gemahlin auf die Burg, abends gab es Schlossbeleuchtung, an der Südfassade waren die Buchstaben F. C. zu sehen. Unter den Besuchern des 19. Jahrhunderts, die sich in die seit 1832 geführten Besucherbücher eintrugen, befinden sich zahlreiche Schriftsteller und Künstler.

auch Pfarrer von Villanders, sein Nachfolger Paldwein der Wyntzrer Pfarrer in Fügen. Nach der Einverleibung Tirols an Österreich waren es die Churer Bischöfe, die den Schlossgeistlichen präsentierten. Verstärkt kommen im 15. Jahrhundert Geistliche aus der Diözese Augsburg vor. 1601 ist erstmals von einem *Beneficium Sancti Pancratii* die Rede, zuvor wurden die Geistlichen am

Die Schlosskaplanei

Die Grafen von Tirol sorgten von Anfang an für eine Kaplanstelle, ein Stiftsbrief ist nicht vorhanden. Der Kaplan, so lässt es sich am ersten namentlich erfassten *Arnoldus* ablesen, war im ausgehenden 12. Jahrhundert zugleich auch Notar und Schreiber in der Burg. Die Einkünfte des Geistlichen bestanden aus Naturalien, im späteren 16. Jahrhundert waren es 11 Gulden, 9 Yhren Wein, 55 ½ Star Roggen und 5 Star Gerste. Die Unterhaltung der Kapelle wurde vom Landesherrn bestritten, drei über den Altären aufgehängte Lichter hatten in der Kapelle unaufhörlich zu brennen. Aus den Listen der im Schloss tätigen Geistlichen geht hervor, dass die früheren Kapläne auch Schreiber der Landesfürsten waren. Kirchenpolitische Karriere machte der Kaplan Matthäus an der Gassen aus Tirol, der 1336 vom Brixner Domkapitel zum Fürstbischof von Brixen bestimmt wurde. Der habsburgisch gesinnte Bischof unterstützte 1363 den Übergang Tirols an Österreich. Kaplan Baldwin war 1357 zugleich

Grabstein des ehemaligen Burgkaplans und späteren Brixner Bischofs Matthäus an der Gassen, um 1363 (Brixen, Pfarrfriedhof)

Pankratiusaltar der Kapelle angestellt. Die längste Amtszeit war Philipp Andreas Moser beschieden, er hatte das Benefizium zwischen 1792 und 1842 inne, wurde jedoch 1805 durch die Auflösung zur Bayernzeit im Amt unterbrochen. Nach dem Wiener Kongress konnte Kaiser Franz I. die Rechte des Kurat-Benefiziums neu bestätigen. In Folge der 1985 vereinbarten Konkordatsregelung zwischen der Republik Italien und dem Heiligen Stuhl wurde die Kuratie mit der Pfarre Tirol vereinigt.

Restaurierung und Denkmalpflege

Das heutige Erscheinungsbild von Schloss Tirol ist wesentlich geprägt von den Anschauungen der Denkmalpflege im 19. und 20. Jahrhundert. Die ältesten Pläne der Anlage zeigen noch zahlreiche Zu- und Einbauten, veränderte Fenstersetzungen, die im Zuge einer sich über 150 Jahre erstreckenden Restaurierungsgeschichte aus Purifizierungsgründen entfernt oder verändert wurden.

Restaurierungsarbeiten sind zunächst in der Kapelle zu bemerken. So erteilte Erzherzog Carl Ludwig 1861 den Auftrag, die Kreuzigungsgruppe in der Schlosskapelle zu restaurieren. Architekt Geppert entdeckte die Wandmalereien in der Kapelle und legte größere Partien auch selbst frei. 1865 entwarf er die Umgestaltung des Rittersaales. Diese fanden jedoch nicht die ungeteilte Anerkennung durch den Denkmalpfleger Carl Roesner und den Architekten Friedrich von Schmidt, die sich beide gegen die Entfernung historischer Bauveränderungen stemmten. Zunächst ging man an die statische Sicherung und erneuerte die Bedachungen der gefährdeten Seite zum Köstengraben hin. Dann folgten Arbeiten in der Kapelle. Arch. Viktor Lunz gab dazu 1876 die Leitlinien vor. Abgelehnt wurde die von Geppert vorgeschlagene Einwölbung. Ein neuer Marmorfußboden wurde verlegt, der Hochaltar neu angefertigt, ein Kommuniongitter angefertigt, ebenso das Gestühl erneuert. Bildhauer Josef Rint aus Wien schuf das neuromanische Nischenretabel, das Maler Carl Jobst polychromierte. Beide Handwerker waren 1858 mit der Restaurierung des Pacher-Altars in St. Wolfgang beschäftigt. In der Mittelnische wurde die Madonnenskulptur gestellt, seitlich kamen die Plastiken der Heiligen Pankratius und Josef zu stehen. Schönherr kaufte für die Seitenaltäre über Vermittlung von Bildhauer Josef Wassler zwei spätgotische Retabel zu. Die Malereien wurden von Wassler samt Gehilfen aufgedeckt und restauriert, vorgeschlagen waren dafür auch die Maler Franz Plattner und Georg Mader, von denen man aber Neugestaltungen befürchtete. Die fachliche Restaurierung und Freilegung weiterer, allerdings schlechter erhaltener Freskenpartien im Langhaus nahm erst 1913 Antonio Mayer aus Rovereto vor.

In Hinblick auf die gesamte Burg schwebte Schönherr 1882 bis 1893

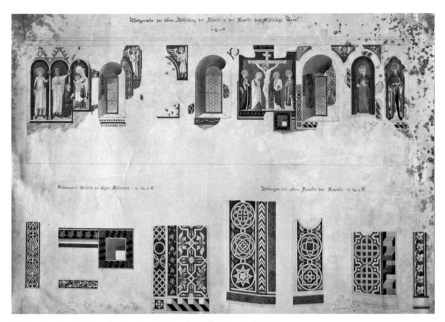

Enrico Nordio, Wandmalereien in der Oberkapelle, Aquarell 1885
(Triest, Istituto d'Arte Enrico e Umberto Nordio)

die Vorstellung einer stilreinen Wiedererstehung der romanischen Anlage vor, eine Arbeit, die Baumeister Cölestin Recla aus Meran durchführte. So hatte Recla zuvor die Landesfürstliche Burg in Meran restauriert und „gotisch" wiedergewonnen. Für Tirol konsultierte er den Architekten Enrico Nordio, – einen Schüler des Wiener Dombaumeisters Friedrich von Schmidt –, der zuvor den Dom von Trient rückromanisiert hatte. Nordio entwarf die Detailzeichnungen. Dabei wurden die hofseitigen Zubauten des Palas entfernt und an den Ostpalas ein Treppenhaus angefügt. Sämtliche Fenster wurden in romanischen und frühgotischen Formen (Knospenkapitelle im Ostpalas) erneuert, die

Muster dazu waren Bauteilen im Schloss selbst entnommen. Die Steinmetzarbeiten übernahm Bildhauer Josef Wassler. 1892 wandte sich die Meraner Kurkommission an den Innsbrucker Magistrat, Mittel zur Verglasung der Palasfenster zur Verfügung zu stellen, wie es solche „belgischen Glasscheiben" schon in Goslar gab. Man befürchtete durch die Zugluft die Beeinträchtigung der Gesundheit der Schlossbesucher. Schönherrs Bemühungen um Schloss Tirol fanden nach seinem Tod scharfe Kritiker im Burgenkundler Otto Piper, der das Ergebnis vor Ort mit jenem in der Wartburg verglich.
Nach Schönherr übernahm Franz von Wieser 1898 bis zum Ersten

19

Eduard von Wörndle, Entwurf für Dekoration der Südwand im Kaisersaal, 1902 (Stadtmuseum Meran)

Weltkrieg die Leitung über die Restaurierung. Unter Otto Pipers Kritik bestand er auf Graf Johann Wilczek als Planer, der zuvor Schloss Vaduz restauriert hatte. Die Grundidee ist aber Piper verdankt, der bereits 1900 an den Plänen gearbeitet hatte. So finden sich in der nun folgenden Wiederherstellung des Bergfrieds zweifelsohne Elemente der Vaduzer Burg, an der das Sanierungsteam gleichzeitig arbeitete, auch die Form des Fachwerks am 1912 erneuerten Wehrgang ist an sich „untirolisch" und dem Liechtenstein'schen Vorbild verdankt. Bedingt durch die Annahme, der Bergfried wäre nur eingestürzt, wurde er 1902/04 durch Architekt Alois Gstrein aus Brixen wiedererrichtet. Die Mauer des Küchenhofes wurde rekonstruiert und mit Zinnen versehen, zwischen Mushaus und Wehrgang verband ab 1914 ein Turm, der südseitig ein Doppelbogenfenster bekam, dessen Säule und Kapitell wiederverwendet sind.

Das Ergebnis erfuhr höchste Würdigung von Seiten der Zentralkommission in Wien, dort saß jedoch auch ein erbitterter Gegner des Unternehmens, Karl Rosner, der Konservator Johann Deininger aus Innsbruck gerne an der Leitung gesehen hätte. Auch der „Tiroler Kunstpapst" Karl Atz nahm zu den Rekonstruktionsplänen des Bergfrieds eine andere Haltung an und wurde in der Folge aus der Kommission ausgeschieden. Um die Umgebung der Burg vor Verbauung zu schützen, erwarb Graf Wilczek zunächst den durch Brandschaden vernichteten Burgbauernhof, der als „historisches" Baumaterial für den Bergfried diente, schließlich weitere Güter um die Burg, die er 1916 in Form einer Stiftung dem k. k. Ärar abtrat, deren Reinerträge in die Restaurierung flossen.

Eduard von Wörndle sollte 1902 den Kaisersaal mit zwölf großen Einzelfiguren und Szenen ausstat-

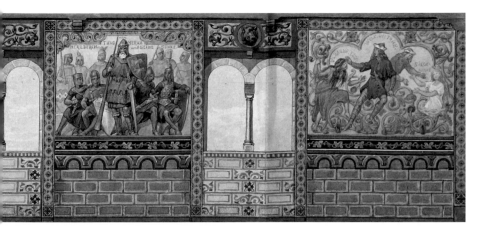

ten, die beispielsweise neben König Laurins Gefährten auch Tung von Meran und seine Söhne sowie Figuren der Minnelyrik präsentierten. Das Unternehmen hätte 30.000 Kronen gekostet und kam über die Entwurfsplanung nicht hinaus, da es von Seiten der Zentralkommission negativ beschieden wurde. Wörndle selbst zog selbstverteidigend als Vorbilder die Pfalz von Gelnhausen und die Ausmalung der Wartburg heran. Die romanischen Portale sollten auch an der inneren Wand eine Steinverkleidung erhalten. Rechts vom Kapellenportal war ein „romanischer Kamin" vorgesehen. Für den oberen Saal war an der Ostwand ein Thronarrangement geplant. Was an den Wänden nicht dekoriert werden sollte, es waren Wachsfarbenmalerei auf Gobelinwänden vorgesehen, bekam einen feinen farbigen Mörtel mit eingeritzten Steinfugen.

Vom „Monumento Nazionale" zum Südtiroler Landesmuseum

Die Zugänglichkeit der Burg war seit dem 19. Jahrhundert garantiert, dies änderte sich auch nicht in den 1920er Jahren unter der faschistischen Regierung, als das Schloss den dantesken Namen „Tiralli" annahm. Im Jahr 1921 wurde vom Touring Club Italiano ein Mamorstein gestiftet, in den die an Schloss Tirol erinnernden Danteverse gehauen sind: „APPIE DELL'ALPE CHE SERRA LAMAGNA SOVRA TIRALLI" (Inferno, Canto XX). Im selben Jahr machte der Mailänder Aristide Gervasini die italienische Tricolore Schloss Tirol zum Geschenk, die nun gehisst wurde. 1932 wurden mittelalterliche Grabsteine von der Pfarrkirche in Tirol hierher geführt, die heute im Rittersaal aufgestellt sind. Der eine erinnert an Diepold Hel, Landeshauptmann

Grabstein für Diepold Hel, um 1363

und Marschall Ludwigs von Brandenburg, verstorben 1363 (DNS. HEL. IN DIE FABIANI † / ANNO DOMINI MILLE/SIMO CCC XIII I(n) X(risto) OBIIT STREN/[uus]), der andere ist einem gewissen Johannes (iohannes, / hic stans mente pia / novam legat ave maria) gewidmet und zeigt im Wappen drei stilisierte Lilien.

Der deutschsprachige Kustos Hans Hilpold wurde 1934 durch den aus Lusern stammenden Antonio Nicolussi abgelöst, der die Besucher durch das „Monumento Nazionale" ["il più importante monumento dell'arte e della storia dell'Alto Adige" (Rusconi 1942)] zu führen

hatte. Die Öffnungszeiten galten von 9 bis 12 Uhr und von 13 Uhr bis Sonnenuntergang. Ab 1935 war Arturo Fontanari als Burgwart eingestellt. Erregung rief der von Otto Mayr verfasste Kurzführer zum Schloss mit dem Titel „Castello Tirolo presso Merano" hervor, der 1936 aufgrund angeblicher staatsfeindlicher Aussagen von der Partei aus den Buchhandlungen entfernt wurde. Konservator Giuseppe Gerola gab selbst 1935 einen italienischsprachigen Schlossführer heraus. Am 9. Juni 1936 visitierte der Trientner Erzbischof Celestino Endrizzi von Trient die Burgkapelle. 1937 wollte man im Schloss das elektrische Licht installieren, zumal bislang mit Kerzen und Petroleumleuchten beleuchtet wurde, der Einbau erfolgte dann im Herbst 1938, in der Kapelle erst 1952. 1936 wurden in einem Raum staatsbeleidigende Inschriften angebracht, der Raum musste gesperrt werden, die Aufschriften wurden übertüncht. Im Juni 1938 ließ der Soprintendente die Baufirma Augusto Mazzonelli, die auch um Arbeiten im Castello di Avio angefragt wurde, einen Kostenvoranschlag zur Entfernung der neueren Doppelbogenfenster und zur Wiederherstellung der früheren Öffnungen ausarbeiten. Die Arbeiten wurden bis 1942 auch durchgeführt. 1938 restaurierte Massimo Nicolussi in Trient die Pankratiusskulptur. Dabei wurden spätere Fassungen abgenommen. Das Bauunternehmen Albino Pizzolato aus Vicenza, das in Bozen eine Niederlassung betrieb, besserte 1940 die

Dächer aus und erneuerte das kleine Fenster in der Oberkapelle. Regenfälle bewirkten im November 1941 einen Schaden an der westlichen Umfassungsmauer, wo etwa ein Quadratmeter Mauer ausbrach. 1942 wurden die Dächer am Bergfried und am Mushaus neu gedeckt, im selben Jahr musste die gotische Madonnenskulptur in der Wohnung des Kastellans (Wandschrank im Schlafzimmer) geborgen werden, auch wurde die Kapellentür in Trient restauriert, die Griffe daran waren im ausgehenden 19. Jahrhundert ausgewechselt worden.

Nach dem Zweiten Weltkrieg setzte sich die Südtiroler Volkspartei gegen die Entlassung des Schlosswarts Alois Stadler ein, der in den Jahren nationalsozialistischer Herrschaft auf diesen Posten gekommen war. Er wurde nun von Giuseppe Rizzonelli abgelöst. 1948 wurde der Unterzugsbalken im zweiten Stock im Südpalas neu eingezogen, ein neuer

Grabstein für Johannes, 14. Jahrhundert

Brunnen gebaut und die Holzstiege zum Hocheinstieg in den Bergfried erneuert. Zu einem sonderbaren Zwischenfall kam es am Maria-Heimsuchungstag 1942, als plötzlich 70 Personen im Burghof standen, hier eine Messfeier abhielten, welche die Musikkapelle Dorf Tirol musikalisch umrahmte. Als im Jahr darauf 300 Österreicher wiederum für den 2. Juli im Schlosshof um die Genehmigung zur Abhaltung eines Gottesdienstes anfragten, antwortete die Denkmalbehörde mit einem klaren Verbot. Mitte Jänner 1951 brach in der Küche des Schlosswarts ein Feuer aus, das umgehend gelöscht werden konnte, aber die Decke in Mitleidenschaft zog. Wichtige Restaurierungseingriffe erfolgten unter dem staatlichen Denkmalpfleger Nicolò Rasmo in den Jahren 1962 und 1969; dabei kam es auch zur Entfernung des Marmorfußbodens in der Kapelle und zur Ergrabung der Vorgängerkapelle.

Eine museale Nutzung wurde von Rasmo im obersten Stockwerk des Ostpalas vorgeschlagen, anhand von Zeichnungen und Stichen sollte die Geschichte der Burg und der Landesfürsten veranschaulicht werden. Mit dem Übergang von Schloss Tirol an das Land Südtirol Ende 1973 änderte sich die Situation grundsätzlich. Landeskonservator Karl Wolfsgruber (amt. 1973–1982) erneuerte 1977/78 sämtliche Dächer und Dachstühle. Der Bergfried erhielt eine neue Geschossunterteilung. 1981/82 wurden die Wirtschaftsgebäude saniert und die Ringmauer durch den Einzug von

Schleudern gesichert. Das Kustodengebäude wurde neu errichtet, im Erdgeschoss war vorübergehend der Kassaraum untergebracht. Der Fugenputz im Mushauskeller wurde erneuert, die Renaissancestube darüber restauriert. Die Arbeiten führte die Firma Dante Tevini aus Almazzago (TN) aus.

Unter Landeskonservator Helmut Stampfer (amt. 1983–2007) wurden die ursprünglichen, durch Brand entkräfteten Balkendecken aus dem Ostpalas entfernt und spätere Einbauten herausgenommen, so dass jedes Stockwerk einen Saal umfasste. Der heutige Burggrafensaal diente als Bürobereich. Die statisch gefährdete Situation der Ostmauer wurde durch den Einzug eines Stahlgerüstes abgefangen, das zugleich dem gesamten Gebäude mehr Halt gab. Im Südpalas verzichtete man auf größere Eingriffe und respektierte frühere Restaurierungsergebnisse; die Böden wurden verstärkt und 2003 statisch neu im sog. Tempel gesichert.

Museumsgeschichtlich bleibt relevant, dass erst 1984 im Ostpalas eine historische Ausstellung eingerichtet werden konnte, die einen Überblick zur Geschichte Tirols bot. Mit Hans Nothdurfter war ein Archäologe auf Schloss Tirol für die weitere museale Entwicklung des Museums für Ur- und Frühgeschichte verantwortlich. Nun begann auch die Tradition der Wechselausstellungen. Mit 1991 übernahm Siegfried de Rachewiltz die Führung des Hauses und somit den Ausbau zum Landesmuseum für Kultur- und Landesgeschichte.

1995 konnte die große Landesausstellung zu Meinhard II. stattfinden, es war die erste gemeinsam mit dem Bundesland Tirol organsierte Landesausstellung. 2003 konnte Landeshauptmann Luis Durnwalder die heute noch gültige Dauer.ausstellung zu Aspekten der Geschichte Tirols eröffnen, zugleich das Dokumentationszentrum zur Geschichte des 20. Jahrhunderts im Bergfried. Eine reiche Ausstellungstätigkeit bildete fortan einen der Schwerpunkte der kulturellen Arbeit auf Schloss Tirol. Seit Dezember 2013 steht Leo Andergassen dem Landesmuseum als Direktor vor.

Die Ikonographie des Stammschlosses

Schloss Tirol rückte vor allem im 19. Jahrhundert in das Interessensfeld der deutschen Vedutenmalerei. In dieser Auflistung kann nur eine Auswahl geboten werden, unzählig sind letztlich die Bildzeugnisse. Zu den ersten Wiedergaben gehört die Ansicht der Burg im Zyklus der Gründungsgeschichte von Maria Steinach in Algund aus der Mitte des 16. Jahrhunderts. Hier ist Schloss Tirol (noch ohne Kapellentürmchen) in den Szenen der Klostergründung durch Gräfin Adelheid sehr schematisch wiedergegeben. An einer weiteren Ansicht von Steinach ist die Burg mit der „Turris Parva", die hinter dem Kapellentrakt aufragt, zu sehen, hier sind wohl ältere Darstellungen in die barockzeitliche Wiederholung eingeflossen. In dem

Gräfin Adelheid beaufsichtigt den Baufortschritt an Kloster Maria Steinach, 17. Jahrhundert
(Algund, Dominikanerinnenkloster Maria Steinach)

um 1610 entstandenen Skizzenbuch von Graf Jakob Brandis findet sich das „Hauptschloss Tirol" gleich zweimal, einmal vom Tal aus vor dem „Tirolergepirg", dann von Osten, wobei die einzelnen Bauteile klar erkennbar sind. Ferdinand Runk hielt die Burg um 1801/02 in der klassischen Ostansicht fest und weitete erstmals den Blick auf die Umgebung. Josef Mössmer stellt die Burg 1809/11 in eine wildromantische Tallandschaft, die den Eindruck „Arkadiens" nicht verschweigt. Ludwig Neelmeyer schuf 1850 eine Tuschzeichnung des Schlosses, die besonders den romantischen Anstieg nach der Köstenbrücke einfängt. In das Mittelalter verlegt Wilhelm von Harnier seine Tirol-Ansicht, indem er 1837 eine Reitergruppe beim Übersetzen über den Köstengraben zeigt. Eduard Gurk hielt 1840 auch die Burg von Osten

fest, in einem zweiten Aquarell folgte der klassische Blick in das Etschtal. Thomas Ender wählte um 1845 seinen Standpunkt im Köstengraben, der die Ansicht eines breiteren Bachbettes annimmt, von dem aus der Blick auf die bergfriedlose Burg fällt. Einen bukolischen Touch erhält die Umgebung in der Schlossansicht von Wilhelm Scheuchzer, indem ein Hirte einen in italienischer Manier gegebenen Lastesel antreibt, auf den ein Bub seine Mutter hinweist. Carl Spitzweg bereiste 1846 Tirol und wählte als Repoussoire in einer Bleistiftzeichnung den Sandgruberhof, hinter dem die Burg als Silhouette greifbar wird. Bernhard Fries bringt 1851 in seine Burgansicht die Gestalt eines Bauern in Burggräfler Tracht ein, der Weg zum Schloss ist als verwachsener, romantischer Steig verbrämt. In den Sammlungen des Landesmuseums

Schloss Tirol, Ansicht im Skizzenbuch von Jakob Graf Brandis, um 1610 (Bozen, Südtiroler Landesarchiv)

Schloss Tirol, Ansicht im Skizzenbuch von Jakob Graf Brandis, um 1610 (Bozen, Südtiroler Landesarchiv)

befinden sich zahlreiche Ansichten der Burg aus dem 19. Jahrhundert. Zu den Inkunabeln der Landschaftsmalerei der Romantik gehören die 1830 bis 1832 entstandenen Burg-Ansichten von Friedrich Wasmann, die u.a. zu den frühesten Beispielen der deutschen Freilichtmalerei gehören. Edmund von Wörndle zeigt in einem Aquarell von 1852 die Ansicht des Innenhofes zum Südpalas hin, hier sind die Zubauten gut sichtbar. Jörg Müller aus Biel schuf ab 2000 eine Reihe von Rekonstruktionszeichnungen zu Schloss Tirol, die einzelne Bauphasen festhalten.

Ferdinand Runk, Ansicht von Schloss Tirol, 1801/02

Ludwig Neelmeyer, Ansicht von Schloss Tirol, 1850

Eduard Gurk, Ansicht von Schloss Tirol, 1840 (Bozen, Südtiroler Landesarchiv)

Carl Spitzweg, Ansicht des Sandgruberhofes, im Hintergrund Schloss Tirol, 1846
(München, Staatliche Grafische Sammlung)

Rundgang

Die frühchristliche/ frühmittelalterliche Kirche

Wir begeben uns zunächst in die *Vorburg*, von wo aus sich eines der schönsten Panoramen Südtirols erschließt: der Blick in das Etschtal bis zum Gantkofel. Die talbeherrschende Lage der Burg wird hier besonders erfahrbar, gleichsam erlebt man die geomorphologische Situation des nahen Dorfes, das seinen Namen der Burg verdankt. Tirol war bis in die Frühe Neuzeit hinein Pfarrsitz, dem auch Meran bis zur Aufhebung der Doppelpfarrei 1921 unterstellt war.

Die 300 Meter umfassenden Platten auf dem Weg durch die Vorburg wurden vom Vorarlberger Künstler Gottfried Bechtold mit dem Großrelief „Zwischenzeit" gestaltet. Der Bereich um den Rossstall wurde 2013 durch Arch. Markus Scherer neu geschaffen. Wenn die 1992 bis 1994 ergrabene Kirchenanlage aus dem 6. Jahrhundert auch außerhalb des eigentlichen Burgbereichs in der sog. „Vorburg" liegt, so darf sie hier nicht ausgeklammert bleiben. Einen Bezug erhält die Kirchenruine zur Burg schon allein deshalb, als sich in ihr ein abgesplittertes Marmorstückchen fand, das zu den behauenen Steinen des Kapellenportals gehört. Dies unterstützt die These, dass Teile der Portalrahmung der Kapelle zweitverwendet wurden.

Waren sie zunächst im „Vorgängerbau" angebracht? Ein Zufall führte zur Entdeckung der Anlage: Man suchte nach einem geeigneten Ort zur Anlegung eines Wasserreservoirs, das im Falle eines Brandes als Löschwasser verwendet werden sollte.

Der Kirchengrundriss umschrieb zunächst einen ins 5. Jahrhundert zurückreichenden Rechtecksaal, der auf Resten eines römerzeitlichen Gebäudes auflag, das über einem gemauerten Keller als eingeschossiger Holzbau angelegt war. Um 600 wurde dieser Bau durch einen rundbogigen Altarraumschluss ergänzt, welcher die gesamte Breite einnahm. Das Reliquiengrab gehörte der ersten Kirche an, es befand sich am Rande der karolingerzeitlichen Mittelapsis, Richtung südlicher Apside. Das Reliquiensepulchrum war durch Stufen erschlossen, in der Reliquienkammer befand sich ein ungestörter marmorner Sarkophag mit einem steinernen Deckel. Darinnen lag das Reliquiar, dessen Silberschatulle am abnehmbaren Deckel und an der Längsseite von einem goldenen Tatzenkreuz bezeichnet ist. Die Anlage der Reliquienkammer lässt sich mit jener im nahen St. Peter vergleichen.

Das im Sepulchrum entdeckte Silberreliquiar wird als Nonsberger Produktion angesehen, insofern ist anzunehmen, dass auch die Reliquien aus dem Trienter Raum kamen. Zum Zeitpunkt der frühchrist-

Dreiapsidenanlage

lichen Kirche ist demnach eine Zugehörigkeit zum Bistum Trient anzunehmen, der Wechsel zur Diözese Chur erfolgte erst im 7./8. Jahrhundert. Auch dürfte das Reliquiar den Ort noch vor der fränkischen Eroberung 591 erreicht haben. Im Reliquiar fanden sich

Silberreliquiar, 5. Jahrhundert

Fragmente von Seide, Leinen, Papyrusstreifen mit Inschriftresten zur Beschriftung der Reliquien sowie verbrannte Teile. Die ursprüngliche quadratische marmorne Basisplatte des Säulenaltars wurde in der zweiten Hälfte des 10. Jahrhunderts in den Trennmauern der Dreiapsidenanlage verbaut, die im Osten mit einem geraden Abschluss endet. Diese misst 14,5 m in der Länge und 9 m in der Breite. Der Typus des außen gerade abschließenden Dreiapsidensaals kommt vor allem in Istrien vor, entwickelt sich aber zuerst in Syrien und verbreitet sich bis nach Westeuropa. Im Vinschgau steht die aus der Mitte des 8. Jahrhunderts stammende Kirche von St. Benedikt in Mals in engem Bezug zum Sakralbau auf dem Burghügel. Der Sakralraum trug

Grabplatte der LOBECENA

terhalb der Burgkapelle zu klären. Demnach stand die Kirche wenigstens bis ins ausgehende 11. Jahrhundert.

Die erste Burganlage

Vorausgeschickt sei, dass Schloss Tirol zu den besterforschten Burgen des Alpenraumes zählt. Maßgeblich waren an der Bauforschung Martin Bitschnau, Walter Hauser, Martin Mittermair, Kurt Nicolussi, Konrad Spindler und Harald Stadler beteiligt. Dem bauanalytischen Ausweis nach gehört der größere Teil der Beringmauer vom Bergfried bis zur Kapelle dem Erstbau an, der in die Salier-Zeit des ausgehenden 11. Jahrhunderts datiert wird. Von Seiten der Bauforscher werden Mauerwerksvergleiche mit St. Vigil in Morter (1080) und der Krypta von Kloster Sonnenburg (1090) angestellt. Die 1,36 m starke Mauer ist bis auf eine Höhe von 8 m erhalten, sie wies die Anlage eines Wehrganges mit Zinnen auf. Im Bereich der Kapelle ist der Vorgängerbau seit 1969 bekannt. Der einapsidiale Raum weist eine lichte Weite von 7 x 5,25 m auf. Daran schloss nach Westen der Palas an, wobei die Art des Anschlusses ungeklärt ist.

Wandmalereien, die allerdings nur in kümmerlichen Resten dokumentiert werden konnten – ein Kreuz und Weinlaubranken sind erhalten. Auch sind Spuren der einstigen Chorschranke auszumachen.

In der Kirche gab es Bestattungen, von denen nur jene eines Mädchens namens LOBECENA erhalten blieb. An der in zentraler Lage vor dem Altarbereich, also hinter der Chorschranke, vorgefundenen Grabplatte ist folgende Inschrift angebracht: IN CHRISTI NOMINE HIC REQ(UIESCIT) LOBECENA / aLBA D(eposit)A. Interpretiert wird die Grablege als Ruheplatz für ein noch in der Taufgnade verstorbenes Mädchen.

Die Frage, wie lange der Sakralraum Bestand hatte, ist wohl nur unter Hinweis auf den Vorgängerbau un-

Freilich kann nicht gesagt werden, inwieweit die erste Anlage auch fertig gestellt wurde. Innenverbauungen lassen sich archäologisch nicht nachweisen. Jedenfalls wurde sie gänzlich in die den Bau erweiternde Bauphase von 1138 bis 1220 integriert.

31

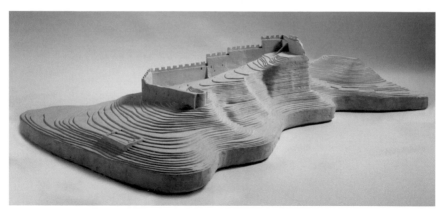

Modell der Erstanlage

Der Palas

Das Untergeschoss des Palas ist über einen Rundbogeneingang in der Nordmauer zu erreichen. Hier kann man noch die Holzbalken aus der Erbauungszeit sehen, das Mauerwerk ist in regelmäßigen Lagen angeordnet. Nach Osten befindet sich eine Öffnung zu einem längsgerichteten Raum, der dann in das Untergeschoss der Kapelle führt. Der dortige Zugang wurde 1215/20 ausgebrochen, nachdem eine erste Rechtecktür in der Nordwestecke geschlossen worden war. Der Raum wurde als „Tempel" bezeichnet und erhielt seine Funktion als Tresor- und Waffenkammer. Dort sind die Grundmauern der Vorgängerkapelle zu sehen, wie sie 1969 ans Licht kamen.

Der ursprüngliche Palas, es ist die *domus* der Burg, war als eingeschossiger, hochgestellter Saalraum entwickelt, der als Saalgeschosshaus bezeichnet werden kann und am

Beginn der „hochgerückten Repräsentationsebene" (Cord Meckseper) steht. Der saalbauförmige Palas misst eine lichte Weite von 20,10 x 11,6 m. Seine Entstehungszeit ist über die Dendrochronologie auf das Winterhalbjahr 1138/39 festgemacht. Dafür wurden sieben Trambalken im Kellergeschoss angebohrt, etliche davon mit Waldkante. Palas und Kapelle wurden gleichzeitig eingetramt, die Balken weisen dasselbe Fälldatum auf. Der Baubeginn fällt exakt an den Wechsel von den Saliern zu den Staufern, zumal Konrad III. 1135 zum König gewählt wurde. Der reich durchfensterte Raum bot Sichtbarkeit von außen, so dass der gut vom Tal aus sichtbare Palas letztlich das Bild der Burg abgab. Er bot aber vor allem beste Sichtbarkeit ins Etschtal und in den unteren Vinschgau. Repräsentationsfunktionen lagen zunächst in der gemauerten Freitreppe, die in die niedere Vorhalle führte, wo gewiss das erste steinerne Portal überrascht, dann im Betreten des *Piano nobile*, in dem Blick durch die Doppelbogenfenster ins Tal, in der Wahrnehmung des Kapellenportals, das auch als Raumschmuck des Palas aufzufassen ist, und letztlich im Betreten der Pankratiuskapelle. Erst unter Meinhard II. kam es ab 1285 zur Aufstockung des Palas und zur Schaffung von Wohnräumen im Obergeschoss. Zuvor schlossen Palas und Kapelle mit einem Zinnenkranz ab, in den mindestens 33 Ausgussöffnungen integriert waren.

Wie wurde der Saal bezeichnet? 1270 hieß der Raum vor der Kapelle *in coenaculo*, also im Speisesaal, war also als Fest- und Wohnraum verwendet worden. Im 19. Jahrhundert identifizierte man den Begriff „Mushaus" mit dem Palas, was an und für sich mit dem *coenaculum* auch gut passen würde. In der Neuzeit sprach man allgemein vom „Kirchensaal". Der heutige Raumeindruck ist durch die vier hölzernen Strebestützen geprägt, die den Boden des darüber liegenden Saales tragen. Die Doppelbogenfenster sind das Ergebnis der Restaurierung von 1880 und der Rückrestaurierung von 1961. Originale Fenstersituationen kann man am östlichen Doppelbogenfenster der Südmauer und an den beiden Kämpferteilen der Nordwand studieren, original sind noch das Krückenkapitell am westlichen Biforium der Südwand sowie die Bündelsäule mit Palmettenkapitell in der Westwand. Die Kopien aus dem 19. Jahrhundert schuf Bildhauer Josef Wassler.

Untergeschoss im Südpalas

Krypta, Untergeschoss der Kapelle

Bauplastik: Die romanischen Portale

Die beiden Portale von Schloss Tirol stellen das Hauptdenkmal mittelalterlicher Bauplastik in Tirol dar. In ihrer Kernaussage sind sie auf die Kapelle bezogen. Das Palasportal führt als **„Paradiesportal"** in die

Seite 34/35: Schloss Tirol von St. Peter her

33

Der barockzeitliche Umbau des Palas

Der neuzeitliche Ausbau des Obergeschosses war seit 1699 geplant, unterblieb allerdings aufgrund des Todes des Unterhauptmanns Michael Khainz. Die Notwendigkeit des Ausbaus lag im Umstand, dass der Ostpalas selbst ruinös war und für den Aufenthalt der Geistlichen und Gäste anlässlich der Jahrgangsstiftungen nicht mehr den nötigen Schutz bot. Auch in den Jahren des Spanischen Erbfolgekrieges fehlte entsprechendes Geld. Unter dem aus einer Bozner Familie stammenden Kelleramtmeister Voglmayr wurde der Bozner Baumeister Josef Delai 1722/23 mit dem Einbau beheizbarer Zimmer in Leichtbauweise (Riegelwände) beauftragt, statisch mussten die drei Holzstützen des unteren Saales die Decke tragen. Drei Räume lagen südseitig, über den nordseitig gelegenen breiten Gang wurden vier kleinere Kammern erschlossen. Der größere Raum in der Südwestecke ist durch eine Zeichnung von Eduard Gurk (1840) dokumentiert. Der Zugang dazu erfolgte nicht über den unteren Saal, sondern über ein außen angefügtes Stiegenhaus, der alte Zugang in der Nordostecke ist heute durch einen Türflügel verschlossen. Der hölzerne Stiegenaufgang in der Nordwestecke des Raumes wurde erst 1880 errichtet. Die Fenstersituation im oberen Saal wurde im Zuge der Rückrestaurierung 1961 in Anlehnung an die spätgotische Situation neu geschaffen. Die Decke stützen wiederum vier Stützpfeiler.

festliche Vorhalle, den Palas, dessen Fensterkapitelle ebenfalls bauplastisch dekoriert sind, das Kapellenportal als „Erlösungsportal" in den eigentlichen Sakralraum. In der Plastik des im Zuge der Kapellenaufstockung gedrückten Triumphbogens und den Fensterleibungen der Kapelle mündet das doch linear sich entwickelnde Programm. Das Palasportal, ein einstufiges Portal mit eingestellten Dreiviertelsäulen und breiter, hochrechteckiger Tür eröffnet den Zugang in den Palas, selbst ist es durch eine im ausgehenden 13. Jahrhundert angesetzte, mit Öffnungen versehene Vorhalle geschützt. Das zentrale Hauptbild bleibt die Engelsdarstellung im Tympanon. Eine Interpretation als Verkündigungsengel Gabriel ist nicht stimmig, zumal das Pendant, die Darstellung Mariens, fehlt. Der Engel bewacht den Eingang zum Palas, mit der Rechten formt er den Segensgestus, an und für sich eine Haltung, die Engeln nicht zusteht, der Gestus ist somit als Verkündigungs- und Redegestus zu lesen. In der Linken trägt er das Lilienzepter, er ist nimbiert und mit einem geschuppten Flügelpaar versehen. Das Lilienzepter gehört zu den königlich-kaiserlichen Herrschaftsinsignien. Formal ist es einem Handkreuz verwandt, wie überhaupt das Handkreuz sich aus dem kaiserlichen Stabzepter entwickelte. Der Ostia-

Eduard Gurk, Barocker Raum im zweiten Palasgeschoss, 1840 (Bozen, Südtiroler Landesarchiv)

rier-Engel führt als Bote Gottes in das Paradies, er bewacht dessen Pforte. Ostiarier- und Wächterengel erscheinen häufig an den Seiten der Apsis und an Kirchenportalen. Der Nimbus ist als Kreuznimbus gestaltet, wie er eigentlich dem Gottesbild vorbehalten ist. Er ist ein unübersehbarer Hinweis auf Christus, der vor aller Schöpfung existent war (Kol 1,17). Der Engel ist als der „Engel des Herrn" apostrophiert. Der Kreuznimbus unterstreicht jedenfalls das Christuskonnotat und verschränkt in einem gewissen Sinn den Inhalt beider Portale. Auch das dem Engel beigegebene Lilienzepter verweist auf die anbrechende Königsherrschaft Christi (Eph 1,21).

In den Gebilden der Portalgewände sind Tiere gezeigt, die nicht als Mischwesen gestaltet sind. Insofern kommt ihnen keine apotropäische Funktion zu, sie illustrieren das Machwerk Gottes in seiner Schöpfung: Dazu gehört auch das Menschenpaar, das aus symmetrischen Gründen hier eine Verdopplung erfährt. Die Säulenkapitelle mit der Darstellung je eines bärtigen Männergesichts sind meines Erachtens im Sinne einer Atlantenfigur zu deuten: Der Hinweis auf die 24 Ältesten der Apokalypse würde die Darstellung des Thrones Gottes erfordern.

Links findet sich ein schreitendes Menschenpaar, wobei die Frau ein bodenlanges, jenem des Engels ähnliches, glockenförmig geweitetes Kleid mit modisch herabhängenden Ärmeln trägt, der Mann aber nur mit einem vorne verknoteten, nach hinten abfallenden Schurz bekleidet ist, seine Füße stecken in Schuhen. Er führt die zu seiner Rechten platzierte Frau an der Hand. Das Pendant des zweiten Paares ist größtenteils zerstört. Gut erkennbar ist der Umstand, dass hier der Mann ein Ährenbündel in der rechten Hand hält. Nun stellt sich die Frage: Sind die biblischen Verweise bindend oder ist eine zeitgenössische Interpretation als Herrschaftspaare Albert II. und Berthold von Tirol zu bevorzugen? Meines Erachtens ist eine direkte Bezogenheit auf die Besitzer der Burg auszuschließen. Ährenbündel oder Baum? Wesentlich ist die Aussage,

Palasportal, 1138/39

Engel mit Kreuznimbus im Tympanon   Menschenpaar in der Leibung des Palasportals

dass es ein Sinnbild des Lebens ist. Die Ähren wären in Richtung Ackerbau zu lesen, gleichsam an den Fluch Gottes nach der Vertreibung aus dem Paradies anknüpfend. Sie ist aber auch die Opfergabe des Ackerbauern Kain, sozusagen Gegenbild zum rechten Opfer des Viehhirten Abel. Der stilisierte Baum kommt an zahlreichen weiteren Objekten der Romanik vor (vgl. San Bartolomeo in Almenno). Ein Zweig vom Baum des Lebens wurde Sem ausgehändigt, den dieser an Adams Grab pflanzte. Über den Menschenpaaren sind in drei Steinlagen zwei Widder und vier Löwen in gegenständiger Haltung gegeben. Auch unter dem Menschenpaar in der linken Leibung war einmal ein schreitendes Tier (Löwe?) vorhanden. Dabei fällt auf, dass es

nicht zur Darstellung von Mischwesen am Gewände kommt, kein Kampf findet statt. Der Paradiesgedanke wird von den aus einer Schale pickenden Tauben verkörpert, er gipfelt in christologischer Heilsverheißung im Danielbild am Bogenscheitel und erfährt durch den Engel am Tympanon die Geste der Einladung. Der Widder ist das Tier des Abrahamsopfers.

Die inhaltliche Spannung gipfelt in den Steinbildern des Tympanonrahmens. Mittig und zentral ist es der Prophet Daniel in der Löwengrube (Dan 6), typologisch eine Präfiguration Christi, der die beiden auf ihn zugehenden Löwen an den Pranken festhält und sie somit bezwingt. Auf Daniel bewegen sich ein Greif und ein Hirsch zu. Der wilde und gewalt-

Daniel in der Löwengrube, Scheitelrelief am Palasportal

tätige Greif war im Mittelalter Teil der geglaubten Existenz, er fand Eingang in die Bestiarien, seine Darstellung diente als Ornament an Textilien und im Kunstgewerbe. Seine Position im Alexanderroman rückte ihn in die Nähe zum Prototyp der Himmelfahrt Christi. Hildegard von Bingen schildert, dass sich der Greif vor allem vor dem Löwen fürchtete. Nur Johannes Scotus Eriugena fand eine positive Symbolik: Der Greif sei ein Exempel der Keuschheit, zumal er nach dem Tod des Weibchens zölibatär lebte. Die Sage des Gold hütenden Greifen ließ die Moral bestätigen, der Mensch solle nicht nach Gold, sondern nach geistlichen Dingen streben. Im Kontext der Danielgeschichte könnte der Greif die Grausamkeit der Mächtigen anzei-gen, die das Gute verfolgen. Thomas von Aquin sah im Greifen ein Sinnbild des Hochmuts. Auch für Hugo von St. Victor war der Greif ein Bild für fehlenden Glauben, für Kälte

und Lieblosigkeit. Der Hirsch hingegen symbolisiert den Sieg des Glaubens über den Unglauben, in Anlehnung an den Psalm 42 ist er ein Bild für die Taufe. Links schreitet eine Taube bogenaufwärts, im nächstfolgenden Steinquader fokussiert der Paradiesgedanke im Bild zweier Tauben, die zwischen zwei sie flankierenden Paradiespalmen aus einer Schale trinken, ein frühchristliches Motiv für die lebensspendende Kraft Gottes, die seine Seelen nährt (vgl. Ravenna, Mausoleum der Galla Placidia). Als Gegenbild am rechten Bogenansatz formiert ein Drache, der furchteinflößend nach rückwärts schaut.

Das **Erlösungsportal** am Kapelleneingang zeigt eine grundsätzlich andere Gestaltung. Weitaus raumgreifender ist die Plastik an den Gewänden, in zweifacher Stufung wird die Tür erreicht, das Tympanon erfährt in mehrteiliger Rahmung seine Begrenzung. Das Hauptbild liegt in der Szene der Kreuzabnahme Christi am Tympanon. Die Darstellung im Tympanon wird zuerst und vor allem wahrgenommen: An allen Portalen beschreiben die Pilger zunächst den Inhalt der Tympana und gehen erst dann auf die Gewändefiguren über. Joseph von Arimathäa und Nikodemus sind mit der Abnahme des toten Körpers beschäftigt. Vergleichen lässt sich die Komposition mit einem Steinrelief in Santo Domingo de los Silos in Spanien. Christus steht nach wie vor mit repräsentativ ausgebreiteten Armen vor dem Kreuz, gewiss ein Bild hoher Repräsentationskraft vorweggenommener Auferstehung. Über der Kreuzszene ist die Segenshand Gottes sichtbar, leicht aus der Achse gerückt, doch von einem Flechtwerkstein begleitet, der als Ewigkeitssymbol für ein Gottesbild zu verstehen ist, das keinen Anfang und kein Ende kennt. Die *dextra Dei* am Scheitel, auf die die Tiere hin geordnet sind, ist Symbol für das Wort Gottes, das am Ende der Zeiten im Sieg über den Antichrist erfüllt wird. Der Antichrist ist in den Teufelsfiguren versinnbildlicht. Der Kampf gegen das Böse ist durch die Segenshand Gottes legitimiert, der Sieg des Guten vorausgesagt. Als Motiv verbindet sie sich mit dem Lamm am Scheitel des Triumphbogens in der Kapelle. Negativ sind die Tiergestalten zu sehen, die sich dem Gotteszeichen nähern: An der linken Bogenhälfte bekämpft ein Teufel einen Verdammten und stürzt ihn kopfüber nach unten, dann gehen zwei Affen, Bilder der Narrheit, auf die Segenshand zu. Rechts erledigt

ein Greif einen Hasen, darunter schreitet der Pfau nach oben, Symbol des Guten, das die Verherrlichung Christi vorwegnimmt.

Unterhalb der Kreuzabnahme ist eine Ausbruchsstelle sichtbar, zudem zwei Männer, der linke bärtig, der rechte bartlos, die je einen viereckigen Gegenstand, wohl ein Buch, auf Hüfthöhe in Händen halten. Wen stellen die beiden Männer dar? Allegorien des Alten und des Neuen Testamentes sind grundsätzlich im Typus von Ecclesia und Synagoge zu denken. Es bietet sich die Möglichkeit an, in beiden liegenden Gestalten Vertreter aus dem Alten Bund zu sehen, die in der Vorhölle durch Christi Tod Errettung und Befreiung fanden. Doch käme auch eine Deutung als Verklärung Christi in Frage, mittig das Haupt Christi, seitlich Mose und Elia.

An den Portalgewänden sind Bilder der Überwindung und Bezwingung des Bösen eng miteinander verknüpft. Der Kentaur am linken Gewände schießt einen Pfeil in Richtung des Christusbildes am Tympanon ab. Im Physiologus ist der Kentaur, halb Mensch und halb Pferd, Sinnbild für die Zwieschichtigkeit des Menschen und ein Bild seiner Ketzerei. Die Ausrüstung mit Pfeil und Bogen lässt ihn als ungezügelten Vertreter des Heidentums sehen, verwandte Darstellungen finden sich auf der Empore der Klosterkirche von Serrabone in den Pyrenäen und an einem Kapitell in Saint-Androche in Saulieu. Der Kentaur in der Sockelzone der Burgkapelle von Hocheppan ist bereits ritterlich ausgerüstet, er trägt Schwert und Schild. Das Flachrelief mit der

Kapellenportal, 1138/39

Szene des Sündenfalls darüber hält Momente des Davor und Danach fest. Gezeigt ist die Darreichung der Frucht durch die Schlange, zugleich das Bedecken der Scham, die erst nach dem Aufdecken des nicht beachteten Essverbots durch Gott erfolgte. Der Sündenfall bedingt dann die darüber liegende, kräftig reliefierte Szene, die den alttestamentlichen Davids als Hirten im Akt der Löwenbezwingung zeigt: Er befreit einen Widder aus dem Maul des Tieres (1 Sam 17,34). Der Löwe im Gegenüber fletscht die Zähne, er wird durch Davids Blick in Schach gehalten. Am rechten Gewände verdichten sich Kampfszenen des Bösen: Der Endzeitdrache verschlingt als mehrköpfiges Wesen die Propheten Enoch und Elias, die Zeugen der Endzeit, die zum Kampf gegen ihn aufgerufen haben. Die eschatologischen Figuren sind Bestandteil an zahlreichen romanischen Fassadenprogrammen. Der aufbäumende Drache am unteren

Eduard Gurk, Kapellenportal, 1840 (Bozen, Südtiroler Landesarchiv)

43

Bogenschießender Kentaur am linken Gewände

David bezwingt den Löwen

Der Endzeitdrache verschlingt die Propheten
Enoch und Elias

Steinblock wird durch einen Adler besiegt, sein Schwanz endet in einem bezahnten Maul, aus dem Feuerstrahlen kommen. Adler sind es auch, die an den äußeren Kapitellen des Portalgewändes sitzen. Adler kehren auch am Triumphbogen wieder.

Die Bauplastik der Kapelle gipfelt in den Reliefs der Fensterleibungen in der Apsis und den Reliefs am Triumphbogen. Dort ist es das Osterlamm mit dem Kreuzstab, ein Bild für das auferstandene Opferlamm Christus, das geöffnete Buch lässt darin zugleich das Tier aus der Apokalypse, und somit den am jüngsten der Tage wiederkehrenden Christus sehen. An der Ehrenseite sind es die Reliefs der Evangelistensymbole Lukas und Johannes, Stier und Adler, die Schreibersymbole des ersten und letzten Evangeliums, beide mit einem Buch begabt. Der Adler ist zusätzlich mit einem Nimbus versehen. Im Gegenüber begegnen ein (nicht nimbierter) Adler und ein Löwe mit ausgestreckter Zunge, Gegenbilder zur rechten Lehre und den rechten Glauben. Die unterschiedliche Wertigkeit beider Seiten kann nur eschatologisch gedeutet werden: Wenn Christus als das Lamm erscheint, wird Gericht gehalten. Bilder der Apokalypse fließen hier ein und inszenieren die Andeutung des Endgerichts, das in der Segenshand Gottes (*dextra Dei*) am Portalscheitel nur angedeutet und verheißen wurde. Das Heilsbedürfnis des Menschen in der paradiesischen Erfüllung ist in den beiden Reliefs über den Fenstern aufgefangen, die Pfauen zeigen, die aus einer Schale Wasser zu sich nehmen. Darin wiederholt sich das Paradiesbild, das am Palasportal bereits präsent war. Erinnern wir uns noch an die Bilder geordneter Schöpfung an den Gewänden des Palasportals: Hier gibt es keinen Zwist, hier herrscht paradiesische Ordnung, allein in der Tympanonrahmung gibt es unübersehbare Hinweise auf die Erlösungsbedürftigkeit des Menschen und die in Christus verheißene Erlösung. Der Sündenfall am Kapellenportal ist die Schlüsselszene in der Verbindung beider: Im „Paradies" ereignet sich der Sündenfall, aus dem die Erlösungsbedürftigkeit resultiert. Das Paradiesportal führt in den Garten Eden, es eröffnet aber auch den Weg in die himmlische Herrlichkeit. Dazwischen liegt der lange Weg des Lebens. Der Begriff „Paradeis / Paradies" eignet den Vorräumen und Vorhallen von Kirchen an, ist es doch die griechische Übersetzung für Halle, Garten.

Die Einzigartigkeit der Reliefs sucht vergebens nach engen Übereinstimmungen. Zu den verwitterten Fassadenreliefs von San Michele in Pavia können überzeugende stilistische Vergleiche hergestellt werden. In Streifen geordnet findet dort die Psychomachia zwischen Tugenden und Lastern wie auf einem geordneten Turnierplatz statt. Engel mit erhobenen Händen bewachen die Eingänge. Diese stehen hier im Bund mit dem Drachentöter Michael, den Patron der Langobarden. Im Innern illustrieren in inhaltsreicher Beziehung die Kapitellreliefs Bilder aus der Heilsgeschichte. San Michele ist Krönungskirche der langobardischen

Evangelistensymbole für Lukas und Johannes am Triumphbogen

Apokalyptisches Lamm am Bogenscheitel

Adler und Löwe als Negativsymbole an der rechten Leibungsseite

45

Könige. Hier wurde der Staufer Friedrich I. Barbarossa mit der Eisernen Krone der Langobarden gekrönt und Graf Albrecht von Tirol befand sich 1162 im Gefolge des Gekrönten. Zu diesem Zeitpunkt denkt man sich allerdings die Reliefs der Portale schon entstanden.

Kommt also die Anregung für die kompakte Bauplastik an den Portalen aus Pavia? Im Vergleich zur Stadtarchitektur der Fassade von San Michele wirken die Burgportale hingegen komprimiert und gedrückt, sie erscheinen wie eine Miniaturausgabe großer Herrschaftseingänge. Es dürften aber lombardische Werkleute gewesen sein, die über das Wormser Joch und den Vinschgau, der eigentlichen Grafschaft der Tiroler kommend, an der Burg beschäftigt waren. Am Comer See, dem Herkunftsort der *magistri*, findet man anschauliche Beispiele ihres handwerklichen Kön-

Josef Tscholl, Kapellenportal von Schloss Tirol, Anfang 20. Jahrhundert

nens. Hier tauchen Motive auf, die auf Schloss Tirol wiederkehren: Stäbe und Wulste mit vegetabilen Mustern, Flechtwerkbänder, Löwen, doppelschwänzige Sirenen, Kentauren, erlegte Tiere in den gierigen Rachen furchterregender Raubtiere. In San Bartolomeo in Almenno trifft man auf das Menschenpaar und den Mann mit dem Grünzweig in der Hand. Die Evangelistentiere am Triumphbogen der Kapelle sind in den Kapitellen von San Sigismondo in Rivolto d'Adda vorgebildet.

In einem unterscheidet sich die inhaltliche Textur von den fortschrittlichen Konzepten in Oberitalien: Während dort im kommunalen Ambiente der identifikationsstiftende Stadtpatron eine immer größere Rolle spielt, so findet sich in Tirol kein Hinweis in diese neue Thematik. Das Bedürfnis, aus der Antike und der Geschichte eine neue Gesellschaft zu legitimieren, findet keinen Anklang. Aber ist es nicht so, dass mit den mythischen Figuren in der neu entstehenden Grafenresidenz die Machtgeschichte eines Hauses und somit die Geschichte des Landes erst beginnt? Die ausschließlich religiöse Legitimation setzt die Tiroler Grafen, letztendlich als „Kinder Adams", in eine direkte Paradiesnachfolge, wobei Sündenfall und Sündenschuld durch Christi Tod am Kreuz ungeschehen gemacht werden. Der Sündenfall ereignet sich im *mare saeculi*, im „Meer der Welt". Der Große Saal, selbst „Paradies", wird zum Ort der Erlösungsbedürftigkeit. An den Kapitellen der Triforien des Saales gibt es so auch das anschauliche Bild der Schiffsleute, die in einem Segelboot das Meer zu queren versuchen, an dessen Masten ein Kreuz prangt. Das Bild des *mare saeculi* tritt im Physiologus auf, hier ist von den Schiffen die Rede, die den Aposteln, Propheten und Märtyrern gleichen, die in den sicheren Hafen einlaufen, gleichwohl die Fahrt stürmisch war. Es kehrt letztlich an zahlreichen Wandgemälden der Romanik wieder: So sind Fischmotive im Sockelbereich der Krypta von Sonnenburg zu sehen. Dort symbolisiert es den Menschen, der im *mare saeculi* herumirrt, ohne mit der Taufgnade ausgestattet zu sein. Die Wassergestalt der Sirene, an sich das todbringende Meereswesen, an der linken inneren Kapitellzone des Kapellenportals ist mit einer Kreuzscheibe versehen und somit sakralisiert und in ihrer negativen Kraft entzaubert.

Das „Meer der Welt" wird auch bei den Kirchenvätern didaktisch bemüht. Es ist ein Bild für die sittlichen Gefahren, in denen ein tugendhaftes Leben untergehen kann, schlechthin das Leben und Treiben der Welt. Augustinus baut eine Brücke vom Meer der Welt hin zum Kruzifixus. Das Kreuz ist demnach das einzige Fahrzeug, das über das Meer trägt. So bleibt die Hinordnung auf den Kruzifixus in der Portallünette verständlich. Bei Jesaia ist zu lesen: Die Gottlosen sind wie ein ungestümes Meer, denn es kann nicht ruhig sein, und seine Wasser wühlen Schlamm und Kot auf (Jesaia 57,20). Hieronymus bezeichnet in seinem Jesaia Kommentar das *mare saeculi* als das Meer, in dem kleine und große Tiere wohnen, auch der Drache, der Gott läs-

Schiffsszene an einem romanischen Kapitell im Rittersaal

terte (Hieronymus, Commentarii in Esaiam, lib. VII). Der zeitgleich zum Portal predigende Zisterzienserabt Bernhard von Clairvaux benutzte das Bild des Meeres der Welt als ein generelles Bild für die Welt: Noah querte es mit seinem Schiff, Daniel über die Brücke, Hiob an einer Furt. Mittels der Tugenden des Klosterlebens gelte es die Gefahren des Meeres zu bestehen. Prinzipiell negativ war das Meer im Frühchristentum besetzt: Im Buch Daniel (Dan 7,3) und in der Offenbarung (Off 13,1) kommen die tierischen Gegenspieler Gottes aus dem Meer. Die Christen sehnen sich nach einer Welt ohne Meer (Off 21,1). Und doch ist das Meer der Welt zugleich der Nährboden für das Heil, denn Gott, der Angler, warf seine Angel in das Meer der Welt.

Die Burgkapelle zum hl. Pankratius

Betritt man die Kapelle, so fällt zunächst einmal ihr Bautypus auf, der

47

Innenansicht der Kapelle

als Doppelkapelle ausgebildet ist, wie solche häufig an mittelalterlichen Herrschaftskapellen anzutreffen sind. Unter Meinhard II. wurde der zunächst eingeschossige 5,6 m hohe Sakralraum um ein Geschoss aufgestockt und über eine umlaufende Empore erschlossen. Über die Dendrochronologie ist die vertikale Raumerweiterung um 1285 belegt. Der vom Meraner Architekten Franz Petek entworfene Emporeneinzug wurde 1930 verwirklicht, er ersetzt die neuromanische Konstruktion von 1882. 1994 wurde er durch eine Aufhängmethode statisch gesichert.

Die Kapelle ist dem Ritterheiligen Pankratius von Rom geweiht, das Patrozinium ist erstmals schriftlich 1299 bezeugt. Im mittelalterlichen Rechtsleben kam ihm große Bedeutung zu, er wurde als Patron gegen Meineide angerufen. Die Rechtsverbindlichkeit der Tiroler Grafen erhielt somit besonderes Gewicht. Pankratiusreliquien gab es in Marienberg, St. Valentin auf der Heide und Marling. Dem hl. Pankratius ist die Stadtkirche von Glurns geweiht, die Pfarrkirchen von Ulten und Mareit haben ihn ebenso zum Patron. In der Pfarrkirche von Kaltern stand im 14. Jahrhundert ein Pankratiusaltar, gleichfalls in der Seitenkapelle der Alten Pfarrkirche von Schenna, die Petermann von Schenna gestiftet hatte. Die beiden letzteren Kultorte reflektieren bereits das Tiroler Patrozinium.

Besondere Verehrung kommt in der Burgkapelle der hl. Elisabeth von Thüringen zu. Elisabeth war über ihre Mutter Gertrud mit der Linie Andechs-Meranien verwandt. An ihrem Fest (19.11.) wurde das Gedächtnis der verstorbenen Tiroler Grafen gefeiert, einen Tag zuvor seit 1328 auch die Kirchweihe der Kapelle. Der Altar in der Oberkapelle ist 1307 als Katharinenaltar bezeugt. Für die vor dem Altar brennende Lampe wurde 1313 aus einem zum Sandgruberhof gehörigen Weingar-

links: Elisabeth von Thüringen, Wandmalerei in der Oberkapelle, um 1330
rechts: Pankratius von Rom, Wandmalerei in der Oberkapelle, um 1330

ten gezinst. Elisabeth ist somit nicht die Patronin der Oberkapelle.

Kultisch war die Kapelle allem voran für die Abhaltung der Jahrtage für die Tiroler Landesfürsten gedacht. Bis ins 20. Jahrhundert hinein wurden diese Gottesdienste mit vorangehender Vesper (Abendgebet) an folgenden Tagen festlich begangen: am 12.5., dem Fest des hl. Pankratius, am 12.7., dem Margarethentag, sowie am Fest der hl. Elisabeth. Die Messen wurden von sieben Geistlichen gelesen, dem Pfarrverwalter und dem Hilfsgeistlichen von Tirol, dem Pfarrer von St. Peter sowie Geistlichen von Naturns, Partschins und Algund, Kuens und St. Martin. Aus Meran holte man zwei Kapuzinerpatres. Am festlichsten wurde der Pankratiustag begangen. Kreuzgänge führten von Naturns, St. Martin in Passeier und Tirol aus zur Kapelle.

Altar in der Oberkapelle ohne aufgesetztes Retabel

Die Frage der Begräbnisstätte der Tiroler Grafen wurde lange Zeit mit dem Hinweis auf die Krypta beantwortet. Die Burgkapelle war allerdings nicht Pfarrkirche und besaß somit kein Begräbnisrecht. Wenn in der Überlieferung von „apud Tyrol" die Rede ist, so kann das nähere räumliche Umfeld, vor allem die in der Vorburg ergrabene Kirche gemeint sein, wo ein Friedhof zwischen dem 6. und dem 11. Jahrhundert nachgewiesen ist. Jedenfalls wurden die körperlichen Überreste der Grafenfamilie nach 1273 in das Zisterzienserstift Stams überführt.

Den Raumeindruck bestimmen die Wandmalereien, die sich vorweg auf die Apsiden und den Triumphbogen, dann auf die Türsituationen der Oberkapelle konzentrieren. Licht erhält der Raum durch eine Reihe von Rundbogenfenstern. Die Unterkapelle war im Laienraum durch zwei Fenster erhellt, die Apsis von drei. Mit der Aufstockung wurde das Beleuchtungssystem in der Oberkapelle wiederholt, der Umgang hat dort drei Rundbogenfenster, so dass der Raum lichter wirkt. Im 16. Jahrhundert brach man ein größeres Fenster an der südlichen Apsidenhälfte aus. Die Fenster im Langhaus wurden 1882 vergrößert und 1969 wieder in die frühere Form gebracht.

Befassen wir uns zunächst mit den Wandmalereien. In der Unterkapelle konzentriert sich das sakrosankte Programm auf das Presbyterium. Zwischen den Fenstern sind die vier lateinischen Kirchenväter unter Rundbögen angemalt, die nach links

Hll. Magdalena und Paulus in der Apsis der Unterkapelle, um 1330

mit den Heiligen Magdalena und Paulus eine Erweiterung erfahren. In den Fensterleibungen werden Andachtsbilder und Szenen aus der Heilsgeschichte aufgegriffen. So zeigt die Mittelfensterleibung am Scheitel die Marienkrönung, darunter Kreuzigung und Auferstehung,

51

am linken Apsisfenster erscheinen die Schutzmantelmadonna, am rechten die Verkündigung mit Gottvater im Scheitel, Maria ist an der linken Leibung gegeben, damit sie auch vom Laienraum aus sichtbar blieb. Den oberen Abschluss bildet ein Tierfries.

In den Kontext der gotischen Wandmalereien waren ehemals auch die Glasfenster der Kapelle eingebunden. Erhalten blieb nur eine Scheibe, an der eine Maria aus einer drei- oder zweifigurigen Marienkrönung zu sehen ist, an den nicht mehr erhaltenen Scheiben sind somit die Figuren Gottvaters und Christi zu rekonstruieren. Das Glasfenster stammt aus der Zeit um 1330 und ist das älteste in Tirol erhaltene Kirchenfenster. Die gekrönte Maria hält ein rotes Gebetbuch in Händen, über ihrem Haupt stehen zwei Kerzen tragende Engel. Die Inschrift „Alma Mater" interpretiert Maria als die „gütige Mutter". Die Anrufung ist eine Abkürzung aus dem Mariengebet „Alma Redemptoris Mater", das der Benediktinermönch Hermann der Lahme von Reichenau 1054 verfasst hatte. Das Gebet war im Brevier für die Advents- und Weihnachtszeit vorgesehen. Das im Barock vergrößerte Südfenster trägt heute Butzenscheiben mit einem Tiroler Adler.

Die Triumphbogenleibung ist mit dem Thema der Schöpfungsgeschichte in sieben Tondi gefüllt. Über dem Altar an der linken Triumphbogenwand erscheint eine Kreuzigungsgruppe. Die Zwickel des Triumphbogens bringen die

Gotisches Glasfenster mit der „Alma Mater", um 1330

Symbolbilder des Löwen und des Pelikans, Symbole für Auferstehung und Kreuzestod Christi.

Im Schiff gab es Heiligendarstellungen, der schlechte Erhaltungszustand lässt nur mehr eine Lesung weniger Figuren zu. So gibt es an der Nordwand unter Wimpergtabernakeln eine fünfköpfige Heiligenreihe, wobei wohl ein Apostel von zwei Bischöfen und den Heiligen Sigismund und Florian von Lorch begleitet wird. An der Südwand gibt es zwei Einzeltabernakel mit der Darstellung der Märtyrerin Agnes von Rom sowie einer weiteren weiblichen Heiligen.

Medaillon mit Szene der Schöpfungsgeschichte am Triumphbogen, um 1330

In der Oberkapelle sind die Heiligenbilder auf die Apsis und die Eingangswand beschränkt. Im Altarraum finden wir links die Anbetung der Könige, die hier unter Wimperge gesetzt ist. Es kam noch während des Schaffensprozesses zu einer Umgestaltung der Malerei, an der zunächst drei Heiligenfiguren vorgesehen waren, darunter der Pfarrpatron Johannes der Täufer. Die Szene der Anbetung der Hl. Drei Könige folgt Bildmustern, wie sie in den Armenbibeln verbreitet waren, so etwa dem im Bodenseeraum entstandenen Codex Cremofanensis 243. Der Grund für die Übermalung könnte in der Mailandfahrt des Burggrafen Volkmar von Burgstall 1327 zu finden sein, oder in dessen generellen Dreikönigsverehrung, zumal er auch seine Burgkapelle in Burgstall mit demselben Patrozinium belegte. Nach dem Rundbogenfenster verraten die beiden kerzentragenden Engel in den Zwickeln den Anbringungsort

eines Heiligenbildes, wohl der skulptierten Madonna, die heute in der Unterkapelle zu finden ist. Rechts vom Mittelfenster ist das eigentliche Altarbild angebracht, eine Kreuzigungsgruppe, die hier von der Altarheiligen Katharina von Alexandrien und einem hl. Bischof, wohl Vigilius von Trient, begleitet wird. Dann folgen die Heiligen Elisabeth von Thüringen und Pankratius. Elisabeth ist gezeigt, wie sie einen Brotleib für die Armenspende teilt.

Aufwändiger Dekor begleitet die Fenstereinfassungen. In der Apsis kann aus dem Dekor ein trinitarisches Programm abgelesen werden. Am Mittelfenster stehen die 24 Kugeln für die 24 Ältesten, die den Thron Gottvaters begleiten, der Schmuck wiederholt sich am linken Fenster, wo dasselbe Symbolbild für Christus steht, der „eines Wesens mit dem Vater" (Symbolon) ist. Das

Heiligenreihe an der Nordwand der Unterkapelle, um 1330

Anbetung der Könige an der Apsiswand der Oberkapelle, um 1330

Kreuzigung an der linken Triumphbogenwand in der Unterkapelle, um 1330

rechte Fenster zeigt sieben Kreisfiguren, die für die Sieben Gaben des Heiligen Geistes stehen.

Auch die Westwand ist noch teilweise dekoriert. Über dem Eingang prangt die älteste erhaltene farbige Fassung des Tiroler Landeswappens. Über dem Rechteckzugang zur „Turris Parva" finden wir das Kärntner Landeswappen. Exkönig Heinrich von Böhmen war auch Landesherr über das Herzogtum

Tiroler Landeswappen über dem Eingang zur Herrschaftsempore, um 1330

Kärntner Landeswappen über dem Eingang zur „Turris Parva", um 1330

Kärnten. Die überlebensgroße Darstellung des Heiligen Christophorus ist auch von der Unterkapelle aus sichtbar, ihr Anblick wurde als „geistige Kommunion" empfunden. Zur Kapelle gehört auch der Dachreiter. Daran waren noch 1935 die Wappen Tirols und Österreichs sichtbar, errichtet wurde er 1582. Er trug einst zwei Glöckchen mit einem Gewicht von insgesamt 215 kg, die im Ersten Weltkrieg (Abnahme am 12. November 1917 zum Gegenwert von 872 Kronen) eingeschmolzen wurden. Einem Fotonachweis nach stammte die größere Glocke mit einem Durchmesser von 60 cm und einem Gewicht von 147 kg aus dem ausgehenden 16. Jahrhunderts, sie dürfte ein Guss von Simon Hofer aus Lana gewesen sein. Der Dekor zeigte ein von Putten gehaltenes Girlandenband und eine trinitarische Marienkrönung. Die Inschrift begann mit „LAUDAT[e Dominum in excelsis?]" Die kleinere Glocke war 1863/64 gesprungen und wurde 1865 von Bartolomeo Chiappani in Trient neu gegossen und am 18. Juli 1865 geweiht. Die Anfrage an das römische Ministerium durch Erzpfarrer Josef Prackwieser von Dorf Tirol 1931 blieb ohne Erfolg. Stattdessen erhielt die Pfarrei eine Glocke des 16. Jahrhunderts aus St. Pankraz in Ulten, die allerdings für den Dachreiter zu groß war. Die Ersatzglocke wurde 2013 wieder an den Ursprungsort zurückgegeben und hängt seit Juli 2014 in St. Helena in Ulten. 2015 wurden von der Glockengießerei Grassmayr in Innsbruck zwei Glocken [Pankratiusglocke (116 kg), Elisabethglocke (70 kg)] gegossen, die von der Schützenkompagnie Dorf Tirol mitgestiftet wurden.

Glocke aus dem Dachreiter der Kapelle,
16. Jahrhundert
(Innsbruck, Tiroler Landesmuseen - TLMF)

Das Kapelleninventar

Das Kapelleninventar setzt sich aus historisch gewachsenen und historistisch motivierten Ersatzbeständen zusammen. Beginnen wir mit dem gewachsenen Kapelleninventar. In die Jahre um 1330 datiert die monumentale Kreuzigungsgruppe, die wohl immer schon an der Brüstung der Oberkapelle platziert war und von der Unterkapelle aus in extremer Untersicht wahrgenommen wird. Sie ist stilistisch mit der Aufensteiner Verkündigungsgruppe verwandt, was sich auch historisch begründen lässt, zumal Konrad von Aufenstein zu Exkönig Heinrich im engsten Benehmen stand. Bei der letzten Restaurierung, bei der die Erstfassung wieder hervorgeholt

werden konnte, fanden sich unter den Einzapflöchern der Assistenzfiguren eine Zehnermünze (1274–1306) sowie ein Meraner Berner, die wohl aus Votivgründen hier hinterlegt wurden. Die Fassung des Kruzifixus zeigt sich noch in der Übermalung durch den Altarbauer und Kunsttischler Josef Stauder aus Innichen. 1861 hatte die „Restaurierung" Statthalter Carl Ludwig mit einem Beitrag von 200 Gulden finanziert, die Arbeit wurde im Herbst 1861 durchgeführt, die äußerst knapp bemessene Besoldung 1863 um 30 Gulden angehoben. Zunächst hatten sich Franz Pendl in Meran und Friedrich Wasmann für die Vergabe interessiert, waren dann aus Kostengründen ausgeschieden. Für die Erhaltung hatte sich 1860 P. Leodegar Kretz, der Vorstand des Meraner Lesevereins für Freunde kirchlicher Kunst stark gemacht und an die Wiener Central-Commission eine Zeichnung von Wasmann überschickt. Man hielt die Plastiken zunächst für „Gipsgebilde" und datierte sie in die Mitte des 15. Jahrhunderts (Tinkhauser). Im Churer Visitationsprotokoll von 1638 ist die Legende festgehalten, dass sich beim Tod eines Tiroler Landesfürsten ein Splitter vom Kruzifixus lösen würde. Da der Kruzifixus gut zugänglich war, wurde der Corpus wohl durch „Reliquienjäger" arg in Mitleidenschaft gezogen. Splitter und Späne aus Christusbildern wurden in der Volksfrömmigkeit als probate Heilmittel gegen Kopfweh und sonstige Übel angesehen. Die Instandsetzung von 1865 fand nicht

Kreuzigungsgruppe, um 1330

Leo von Klenze, Kreuzigungsgruppe vor der eingreifenden Restaurierung 1861
(München, Bayerische Staatsbibliothek)

nur Befürworter. So äußerte sich Leo von Klenze, der schon 1843 gerade am Fest Kreuzerhöhung die Gruppe zeichnerisch festgehalten hatte, abschätzig über das Ergebnis: Der Kruzifixus sei „angemalt wie eine Operntänzerin mit einem goldbeflitterten Röckchen versehen. Zweihundert Gulden hat es gekostet, um ihn so zu Grunde zu richten – nie ist Geld schlechter angewandt worden" (I. von Düringsfeld, Aus Meran. Reise Skizzen, Bd. 7, Meran 1868). Der Münchner Stadtarchitekt hatte 1843 Schloss Rottenstein in Obermais erworben.

Mit der Restaurierung der 214 cm hohen, aus Lindenholz geschnitzten Assistenzfiguren begann noch Nicolò Rasmo 1969/73, als er zunächst die Marienskulptur, dann den Evangelisten Johannes zu Restaurator Giancarlo Pocher gab, der an beiden Plastiken die Überfassungen abnahm. Die letzte Restaurierung nahm Helmut Prinoth 2002 vor, dabei kamen einige Zierdetails an den Bordüren zum Vorschein, auch wurden die genannten Votivmünzen entdeckt.

Das ohne Predella und Flügel auf der Mensa des Pankratiusaltars stehende Retabel hat keinen Bezug zum Patrozinium der Schlosskapelle. Es stammt aus der Werkstatt des Brixner Meisters Hans Klocker (dok. 1474–1502) und wurde für St. Barbara und Laurentius in Castelfeder bei Auer geschaffen. Als diese Kapelle 1782 säkularisiert wurde, kam das bereits im Barock durch einen neuen Altar ersetzte Retabel in den Kunsthandel und

Evangelist Johannes, Detail, um 1330

wurde 1884 für Schloss Tirol erworben. In den 1930er Jahren wurde es im „Museo Nazionale" in Trient sichergestellt und kam 1993 wieder nach Schloss Tirol zurück. Der Schrein zeigt die hl. Barbara zwischen den beiden Bischöfen Martin von Tours (die Gans wurde 2010 nachgeschnitzt) und Vigilius von Trient. Stilistisch bindet das Retabel eng an den Traminer Altar im Bayerischen Nationalmuseum, so dass eine Entstehung um 1490 angenommen wird. Klocker war vor allem im Brixner Raum tätig, erhielt jedoch bedeutende Aufträge auch im Etschtal, so für Tramin, Kaltern, St. Leonhard in Passeier und für die Bozner Franziskanerkirche.

Unter David von Schönherr wurde auch ein kleiner, heute deponierter

Hans Klocker, Schnitzaltar aus St. Barbara in Castelfeder, um 1490

Flügelaltar aus St. Moritz in Allitz angekauft, der als Altar in der Oberkapelle aufgestellt wurde. Im Schrein stehen Maria zwischen den Heiligen Mauritius und Oswald, an den rundbogig abschließenden Flügeln sind die Malereien des Apostels Andreas und der hl. Apollonia sichtbar, außen die Verkündigung. Der Altar ist um 1515/20 zu datieren, er entstand in der Nachfolge von Hans Schnatterpeck. 1977 wurde er von Giancarlo Pocher restauriert. Der dreiteilige Chorstuhl bot Platz für die Geistlichen. Er entstand 1579. Gerade in dieser Zeit wurde der heruntergekommene Zustand der Kapelle beklagt. Die Flachschnitzereien

Altar von Schloss Tirol, geöffneter Zustand, um 1370 (Innsbruck, Tiroler Landesmuseen - TLMF)

Der Schloss-Tiroler-Altar

Der „Schloss-Tiroler-Altar" bildet die Inkunabel des mitteleuropäischen Flügelaltars. Eine Kopie der Gruppe Unika aus St. Ulrich in Gröden steht seit 2001 auf der Mensa der Oberkapelle. Die Bedeutung liegt einmal in der politischen Aussage, dann in der künstlerischen Fertigung. Als erster repräsentativer habsburgischer Kunstimport nach Tirol untermauert er auf einer heilsgeschichtlichen Ebene den Besitzanspruch der neuen Elite. Unübersehbar ist im geschlossenen Zustand das herzogliche Brüderpaar Albrecht III. und Leopold III. mit ihren Ehefrauen Viridis Visconti und Elisabeth von Luxemburg-Böhmen zu sehen, wobei die Stellung der Figuren nicht ohne Bedeutung bleibt. An der Ehrenseite erscheint der an sich aber im Brüderranking zweitrangige Leopold, unter dem Bindenschild; er übt an Maria den Fußkuss. Das Tiroler Wappen dient dazu, Leopold als den „wirklichen" Landesfürsten zu markieren. Dies wird durch die Figur des ritterlichen Landespatrons St. Georg unterstrichen, der den Fürsten Maria empfiehlt. Der Fußkuss an Maria ist

61

Altar von Schloss Tirol, Kopie der Gruppe Unika, 2001

Altar von Schloss Tirol, geschlossener Zustand
(Innsbruck, Tiroler Landesmuseen - TLMF)

eine Reverenz an die Altarpatronin und somit ein mehr als offensichtlicher Hinweis, in Leopold den eigentlichen Altarstifter zu sehen. Der freilich im Herrschaftsraum Tirol nachrangige Kapellenheilige Pankratius empfiehlt Albrecht III. und Elisabeth. Elisabeth ist mit einer Bügelkrone ausgestattet, ein Hinweis auf ihre kaiserliche Abstammung aus dem Hause Luxemburg. Die Assistenzfiguren verlangen nach einem Kruzifixus, der plastisch vor das geschlossene Flügelpaar platziert werden konnte. Es gibt allerdings keinerlei Abriebspuren. Der geschlossene Altar vermittelt mit den zackenförmigen Wimpergen ein Bild des Herzogshutes.

Die Produktionswerkstatt des Altars kann nicht konkret festgemacht werden. Als wienerböhmische Arbeit wird der Altar umschrieben, die gemalten Partien, die stilistische Parallelen im Porträt Rudolfs des Stifters kennen, stehen in keinem Verhältnis zur nur rudimentär eingesetzten Plastik, sodass der Altar eindeutig als Tafelretabel zu bezeichnen ist. Die Szenen an den Flügelinnenseiten stellen Szenen aus der Heilsgeschichte dar, Verkündigung, Anbetung der Hl. Drei Könige, Marientod und Marienkrönung, seitlich der Mittelnische Heimsuchung und Geburt Christi. Zur Datierung, die nun quasi traditionell nach dem Tod der Gräfin Margarete von Tirol 1369 und mit der überlieferten Huldigungsreise der Herzöge nach 1370 festgemacht wird, sei hingewiesen, dass diese zwingend vor 1373, dem Todestermin der Elisabeth, festzulegen ist. Dass die Stiftung zeitlich vor dem Neuberger Teilungsvertrag von 1379 liegt, lässt in der bevorzugten bildlichen Stifterstellung Leopolds durchaus einen Herrschaftsanspruch auf Tirol erkennen, der den erstgeborenen Albrecht mit Kalkül an die zweite Stelle setzt. Erst mit dem Teilungsvertrag werden Leopold die oberösterreichischen Länder zugesprochen. Für die kunstgeschichtliche Fragestellung nach Werkstatt und Stilbestimmung nimmt diese

Geburt Christi, Detail vom Altar von Schloss Tirol
(Innsbruck, Tiroler Landesmuseen - TLMF)

Verkündigung, Detail vom Altar
von Schloss Tirol (Innsbruck,
Tiroler Landesmuseen - TLMF)

Beobachtung keinerlei Einfluss. Durch die Fußkussszene, die sich in der Epiphanie
an der Flügelinnenseite im heilsgeschichtlichen Kontext wiederholt, stellt sich hier
Leopold unter dem Bindenschild und neben dem Tiroler Landeswappen als der
„habsburgische" Landesfürst bewusst in Szene, worauf das kronenlastige Programm
im geöffneten Zustand nur „reagiert".

Vom Tiroler Altar kamen die Flügel über Herrn von Goldrainer 1809–1813 an Erzherzog Johann, dann 1826 an das Tiroler Nationalmuseum, der Schrein selbst
wurde von einem Herrn von Sagmeister 1826 dem „Ferdinandeum" überlassen.
1828 gelangte der Altar nach Stift Wilten, wo er in der Bartholomäuskapelle hätte
Aufstellung finden sollen, wurde aber im „Roten Saal" des Stiftes aufgestellt. 1938
kam er aus denkmalpflegerischen Gründen ans Tiroler Landesmuseum. Der Altar
wurde 1939 bis 1942 in den Werkstätten des Bayerischen Nationalmuseums in
München restauriert, dabei wurden die Flügelaußenseiten von einer dicken roten
Übermalung befreit, wobei die Stifterbilder sichtbar wurden.

Hl. Pankratius, Holzplastik, um 1370/80

Madonna mit Kind, in der Nachfolge des
Giovanni Pisano, um 1330

am Rückenbrett zeigen den österreichischen Bindenschild. Ein einsitziger Stuhl weist neugotische Ergänzungen auf.

Seitlich eines Altares waren einmal die beiden Kerzenstangen aufgestellt, die auch noch ins 16. Jahrhundert gehören. Das Vortragekreuz wird ins 17. Jahrhundert datiert, der gegossene Corpus hingegen ist älter und um 1510/20 entstanden.

Als Wiener Import ist auch die reich vergoldete Holzplastik des hl. Pan-

kratius anzusehen, die wohl als Patroziniumsbild am Altar der Unterkapelle stand. Sie findet Parallelen in den Arbeiten der Wiener Herzogswerkstätte und ist um 1380 (jedenfalls vor 1386) zu datieren. Heute ist sie in musealer Verwendung, zur Patroziniumsmesse am Pankratiustag wird sie auf den Altar gestellt. Dem Inventar von 1617 nach hatte man der Skulptur eine Paxtafel um den Hals gehängt.

Zu den ursprünglichen Ausstattungsstücken dürfte auch die heute

Romanisches Missale von Schloss Tirol, Kanonblatt (fol. 84r), Ende 12. Jahrhundert

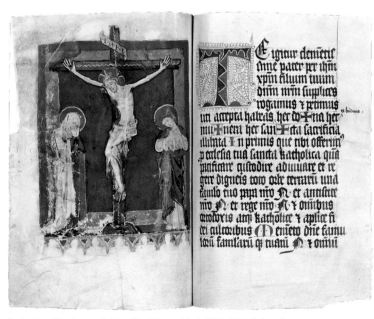

Gotisches Missale von Schloss Tirol, Kanonblatt, Mitte 14. Jahrhundert

Spätgotisches Kaselkreuz, um 1500

1330/35 auf eine Marienskulptur Rücksicht nimmt. Die Datierung des Bildwerks ist um 1325/30 anzusetzen. In ihm zeigen sich Einflüsse der Pisano, vor allem Giovanni Pisanos, an dessen Qualität die Plastik allerdings nicht herankommt. Die italienische Provenienz könnte an der ehelichen Verbindung (1327) zwischen Beatrix von Savoyen, der Tochter des Grafen Amedeo V. il Grande, mit Exkönig Heinrich hängen.

Das bewegliche Inventar der Kapelle ist in den Archivquellen dokumentiert. Bereits 1310 wurden 26 liturgische Handschriften gezählt. Zwei davon verblieben in der Kapelle. Noch 1605 wehrte man sich dagegen, die alten Bücher zu entsorgen und schaffte dafür vier römische Missale an, damit an allen vier Altären auch gleichzeitig Messe gelesen werden konnte. Das älteste Missale datiert in das ausgehende 12. Jahrhundert, es beinhaltet einen liturgischen Kalender und einen Nekrolog mit den Gedächtnistagen der Grafenfamilie. An der Kreuzigung am Kanonblatt (fol. 84r) wurde interessanterweise die Position der Assistenzfiguren korrigiert und unbekümmert nach oben geschoben, zunächst waren Maria und Johannes nur als Brustbilder am unteren Rand präsent. Stilistisch ist die Malerei mit dem nicht kolorierten Kanonblatt in der Innsbrucker Universitätsbibliothek Cod. 277 eng verwandt. Eine Entstehung im süddeutschen/tirolischen Raum wird angenommen. Über dem Kreuzesbalken sind Sol und Luna zu sehen. Das jüngere Messbuch datiert in die Mitte des 14. Jahrhunderts, es

in der Unterkapelle an der rechten Triumphbogenwand aufgestellte Madonna gehören, eine italienische Schnitzarbeit des 14. Jahrhunderts. Rasmo hatte den Vorschlag unterbreitet, deren ursprünglichen Standort in der Apsis der Oberkapelle zu orten, wo die Wandmalerei von

zeigt auffallende Benutzungsspuren. Das vor einen blauen Grund gestellte Kreuzigungsbild steht auf einer Maßwerkkonsole.

Von einer spätgotischen Kasel aus der Zeit um 1500 stammt ein gesticktes Dorsalkreuz mit Figuren. Zuoberst ist Maria mit dem Kind gezeigt, dann folgt unter einer Rundbogenarchitektur ein hl. Bischof ohne Attribut, seitlich davon liegen die Brustbilder der Heiligen Katharina (mit Schwert und Rad) sowie Elisabeth mit dem Rosenschurz. Unterhalb des Bischofs ist unterhalb einer trecentesken Bekrönung die hl. Christina von Bolsena gestellt.

Mittelalterlicher Kinderschuh, Fund aus dem Zwischenboden der „Turris Parva"

Die „Turris Parva", der Kapellenturm und der Ostpalas

„Turris Parva" bedeutet „kleiner Turm". Er war ein Scharnierbau zwischen Süd- und Ostpalas und grenzte zugleich an die Kapelle, als deren erster Glockenträger er diente. Vor der Aufhöhung des Ostpalas ragte er hervor. Der Ostpalas entstand zeitlich nach dem Südpalas. Grundgeschoss und erster Stock wurden um 1215/20 errichtet, die Aufstockung erfolgte zeitlich nach jener der Kapelle eben um 1280/1301.

Die Besucher betreten den Ostpalas über die „Turris Parva" im zweiten Palasgeschoss. Der verglaste Bodeneinschnitt gewährt einen Einblick in den Fehlboden, aus dem 1996/97 wichtige Utensilien gehoben wurden. So fand sich hier ein aus Leder gefertigter mittelalterlicher Kinderschuh, ein leinenes Frauenhemd des 15. Jahrhunderts, ein Daubenbecher, Holzlöffel sowie von Mäusen angenagte Pergamentfetzen und Zimmermannsrückstände. Pflanzliche Reste wurden vorwiegend von den Nagetieren in den Zwischenboden gebracht, insgesamt über 80 Pflanzensorten ließen sich nachweisen, vorwiegend war es Getreide (Gerste, Kolben- und Rispenhirse, Roggen, Weizen, Buchweizen, Mais), aber auch Obstrückstände und vor allem Grünlandprodukte fehlten nicht.

Der nachfolgende Raum – er diente lange als Wohnung der Schlosshauptleute bzw. der Kustoden – zeigt Reste der gotischen Quaderfassung, an der Nordwand das Wappen der Frundsberg aus dem zweiten Viertel des 14. Jahrhunderts, an der Westwand Fragmente des Tiroler Adlerwappens. Die Freundsberger Berthold, Friedrich und Ulrich standen in Diensten von Exkönig Heinrich. Sämtliche Fenster mit unterschiedlich gestalteten Knospenkapitellen wurden von Arch. Nordio entworfen. Das südli-

Wappen der Freundsberg, Detail der Raumfassung im ersten Stock des Ostpalas, 2. Viertel 14. Jahrhundert

che Doppelbogenfenster der Westwand blieb verschlossen. Der „Burggrafensaal" im zweiten Stock, er wurde jüngst mit gotischem Mobiliar ausgestattet, darunter einem aus dem Trentino stammenden grünglasierten Ofen, beherbergte die Wohnung des Schlosskaplans. Die um 1977 entfernten Wandunterteilungen des als Kaplanwohnung genutzten Ambientes schufen einen Einheitsraum, an dem vor allem an der Nordwand Reste der ursprünglichen Raumfassung mit einer Quadermalerei sichtbar sind. Reste eines Wappens sind über die Helmzier wiederum als Emblem der Freundsberg zu lesen. Nach Osten schließt ein mit einem Ziegeltonnengewölbe eingedeckter Raum an, der die „Turris Parva" nach oben abschließt.

Burggrafensaal im 2. Stock des Ostpalas

Spätgotischer Kachelofen im Burggrafensaal

Der Bergfried

Die Substruktion des Bergfrieds gehört der ersten Zeit im ausgehenden 11. Jahrhundert an. Bis auf eine Höhe von fünf Meter reichen die Unterbauten, dann folgt in drei Geschossen der historische Aufbau mit 12,6 m Seitenlänge. Während die Substruktionen eine Mauerstärke von 5,25 m aufweisen, kommt der historische Bergfried mit einer Mauerstärke von 2,30 m aus. In der Frage, ob der Bergfried je fertiggestellt worden war, schieden sich die Meinungen der Burgenforscher. Nicolò Rasmo nahm entgegen der Auffassung von Oswald Trapp an, dass der Bergfried nie fertiggestellt wurde und im 12./13. Jahrhundert auf der historischen Höhe stecken blieb. Trapp bemühte Brandspuren als Argument für eine Zerstörung der Anlage. Wo wäre da all der Bauschutt gelandet? Die ältesten Ansichten von Tirol (Kloster Maria Steinach) aus der Mitte des 16. Jahrhunderts oder im Codex Brandis (um 1610) zeigen Schloss Tirol ohne Bergfried. Heute gilt es bauanalytisch als erwiesen, dass der Turm nie über die historische Marke hinausragte.

Eine Nutzung des Baustumpfes war jedoch gegeben, im Bergfried war das Burgverlies untergebracht. Im Inventar von 1591 werden hier fünf alte Eisenpoyen samt Ketten und zwei Halspoyen verzeichnet. In der Neuzeit diente das Verlies für die Gefangenhaltung des adeligen Hofgerichts, obwohl die Haft in diesem Raum 1599 als zu hart angesehen wurde.

Aufgestockt wurde der Bergfried 1902/04 nach Plänen des Brixner Baumeisters Alois Gstrein. Die „neuen" Mauern haben eine Mauerstärke von 1,2 m und führen den Bergfried von 9 m auf eine Höhe von 37 m. Das Baumaterial stammt zum Teil von einem abgebrochenen Bauernhaus westlich der Burg. Seit 2003 beherbergt der Bergfried auf 2500 Quadratmetern eine lebendige Darstellung der Geschichte Südtirols im 20. Jahrhundert. Schwerpunkte bilden die Annexion an Ita-

lien, Zwischenkriegszeit mit Faschismus, Option und Besetzung durch das NS-Regime, Nachkriegszeit, Autonomie. Der museale Ausbau ist den Architekten Walter Angonese, Markus Scherer und Klaus Hellweger verdankt, die aufwändige statische Berechnung stammt von Ing. Hartmut Theiner. Immerhin kamen nun 40.000 Tonnen Eisen in den Turm, der ohne Einbau ein Gewicht von 700.000 Tonnen misst. Der aus Kortenstahl geschaffene Stiegenaufgang verbindet den Küchenhof mit dem 9 m über Bodenniveau liegenden Hocheinstieg nahe der Südwestecke. Die zeitgenössische Architektur wurde mehrfach

Seite 72: Bergfried, vom Innenhof aus

ausgezeichnet, so 2007/08 durch den Bauherrenpreis „Dedalo Minosse" in Vicenza.

Das Mushaus

Der Name „Mushaus" bezeichnet seit ca. 150 Jahren den Wohnbau, der östlich an den Bergfried anstößt. In den Quellen kommt die Bezeichnung 1275 und 1317 vor, als „in dem neuen Mushause" gesiegelt wurde. Die Funktionsbezeichnung lässt an einen Speisetrakt denken, der auch im Bereich des heutigen Museumsshops gelegen sein könnte, zumal nördlich daran der Küchentrakt anschloss. Die Funktionsbezeichnung meint also unterschiedliche Räume, die für Bankette genutzt wurden.

Mushaus

Renaissancezeitliche Stubentäfelung im „Mushaus"

Barocker Türkenofen im „Mushaus"

Der östlich an den Bergfried anstoßende Bauteil wurde 1174 in Form eines zweigeschossigen Rechteckbaus grundgelegt, der hofseitig mit einer Zinnenreihe abschloss. Zu den bauhistorisch wichtigen Ausstattungsstücken gehört der steingerahmte Eingang in den Mushauskeller. Im Tympanon ist eine Rundbogenöffnung ausgebrochen, die Licht zuführte. Im Innern zeigt der Keller eine von einer Mittelstütze getragene Balkendecke, deren dendrochronologisch untersuchte Balken die o.g. Zeitstellung abwirft. Einen Umbau erfuhr der Wohntrakt neben dem Bergfried ab 1532, als der Burghauptmann Georg von Firmian angehalten wurde, von „seinen Stuben aus eine Tür zu brechen" und eine weitere Stube, eine Kammer und ein Gewölbe aufzuziehen, wobei wohl eine Aufstockung des Bereichs gemeint war. Die Stubentäfelung stammt aus der zweiten Hälfte des 16. Jahrhunderts, die Türen sind von Pilasterrahmen flankiert, die Gliederung der Wandtäfelungen besorgen profilierte Stäbe, der Zahnschnittfries am Türsturz kommt verstärkt gegen Ende des 16. Jahrhunderts vor. Zu einer sym-

Wappenfries aus einem Meraner Laubenhaus, Fresko auf Leinwand übertragen, Ende 14. Jahrhundert

metrischen Wandaufteilung kommt es vor allem an der Nordwand, wo zwei Türen in den dahinterliegenden Küchentrakt führen. Der grün glasierte Ofen mit den Türkenfiguren gehört der Mitte des 17. Jahrhunderts an. In den Plänen Pirchstallers ist die Stube als „Hochzeitszimmer" ausgewiesen, eine Erinnerung an die Verehelichung der Margarete von Tirol mit Ludwig von Brandenburg am 10. Februar 1342. Da die Täfelung aus dem 16. Jahrhundert stammt, handelt es sich auch nicht um den historischen Schlafraum der Landesfürstin. Der vordere Teil ist durch eine Holzwand von der eigentlichen Stube abgetrennt, er ist nicht vertäfelt, besitzt aber eine Leistendecke.

Eine Veränderung erfuhr das Mushaus im 17. Jahrhundert, nachdem östliche Bauteile in die Tiefe gestürzt waren. Mag sein, dass dabei die weggebrochene Küche in den Mittelgang verlegt wurde, wo sich heute noch ein gemauerter Herdsockel befindet, vermauert ist eine Rundbogentür, die einst die östlichen Räume erschloss. Im ausgehenden 17. Jahrhundert wurden auch die barock-

zeitlichen Karniesfenster in der Ostwand im Zugang zu den hinteren Räumen ausgebrochen. Der heute im Gang aufgehängte und auf Leinwände übertragene Wappenfries stammt aus dem abgebrochenen Fürstenhaus nahe der Landesfürstlichen Burg in Meran und datiert aus dem 14. und frühen 15. Jahrhundert. Der obere Stock wurde 2002 zu Büroräumen für die Museumsverwaltung ausgebaut, die Pläne entwarf Arch. Walter Angonese.

Im frühen 20. Jahrhundert kam der über unregelmäßigem Grundriss errichtete Turm dazu, der über eine Wendeltreppe mit dem Wehrgang verbunden ist und im Obergeschoss von Süden Licht durch ein Doppelbogenfenster erhält, dessen beschädigtes Knospenkapitell als Original anzusehen ist. Nach Westen beleuchtet den engen Raum ein in rotem Sandstein gerahmtes Rundbogenfenster.

Die Wirtschaftsgebäude

Vom Burgtor aus, das im frühen 19. Jahrhundert aus altem Baumaterial neu gefertigt wurde, führt die

Mittelalterliche Glasflaschen, archäologische Funde im Küchenhof

Küchenhof, Einstieg in den Keller

Burggasse in den höher gelegenen Hof, von dem aus der Palas erschlossen wird. Der rechts liegende Stiegenzugang, der als Abkürzung dient, wurde erst um 1739 angelegt, die Initialen des Steinmetzen sind mit Z A L(apicida?) angegeben. Bautypologisch ist interessant, dass der Wirtschaftstrakt in den Burghof eingebettet ist und zur ersten Ausbauphase der Burg um 1130/40 gehört. Mitte des 13. Jahrhunderts ausgebaut, wurde der Trakt beim Burgbrand 1300/01 stark in Mitleidenschaft gezogen. Teilweise Neubauten folgten anschließend. Die Funktionen der einzelnen Bauteile lassen sich zunächst mit den im frühen 19. Jahrhundert überlieferten Bezeichnungen benennen. Beginnen wir in der Leseabfolge von Norden nach Süden: Unmittelbar an den Bergfried war die alte Küche angelehnt. Durch sie führte die Wasserleitung der Burg die von einer Quelle beim Leistererhof gespeist wurde. 1999/2000 wurde der Bereich archäologisch ergraben, dabei konnten Funde gehoben werden, vier als Bauopfer vergrabene gefüllte Glasflaschen, zudem Spielwürfel, zwei Maultrommeln, ein Fingerhut, Gürtelschnallen und weitere Alltagsgegenstände. Zu sehen ist noch der mittelalterliche Ausguss. Auch konnte der alte Einstieg in den gewölbten Eiskeller befundet werden. Der gesamte Bereich wurde für die museale Nutzung überdacht und darin der Aufstieg zum Bergfried integriert.

Nach Westen schloss ein Raum an, der damals einen Backofen in der Nordwestecke aufnahm. Hier könnte das alte Mushaus der Burg gelegen haben, der Raum war durch eine Türöffnung mit der Küche verbunden. Die glatt gehauenen Quader des spitz zulaufenden Eingangs datieren in die zweite Hälfte des 12. Jahrhunderts. Allein schon das Portal spricht für die einmal gehobene Bedeutung des Raumes. Am Gewände finden sich Erinnerungszeichen der Zeit um 1600, aber auch von 1836. Der Raum selbst ist sorgfältig gestaltet, über eine Schlitzöffnung ist er mit dem angrenzenden, mit niederem First versehenen Raum verbunden. Fenster führten ursprünglich in den Hofraum, in der Spätgotik wurden neue Öffnungen mit abgefasten Sandsteinrahmen eingesetzt, deren bescheidene Größe eine Nutzung als Speisesaal widerlegt. In der Nordwestecke des Raumes ist noch ein offener Herd mit Kaminabzug erhalten. Unter dem Raum lag der von einer Rundbogentür erschlossene Keller, der über eine Treppe im

angrenzenden Bauteil zugänglich war. Da das alte Mushaus über das nach Süden angrenzende Gebäude hochragt, war an der Südwand Platz für eine Sonnenuhr. Nach Westen folgte im Pirchstaller-Plan von 1816 die Laube, also ein Vorraum, dann Stall und Stadel, an den sich ein ummauertes Gärtchen anschloss (heute liegt dort die Hausmeisterwohnung), das auf älteren Fotos der Anlage noch gut als solches erkennbar ist.

Burggasse mit Wirtschaftstrakt

Bibliographie (Auswahl)

Giuseppe Gerola, Castel Tiralli, Trient 1935.

Nicolò Rasmo, Schloss Tirol, Bozen 1970.

Oswald Trapp, Tiroler Burgenbuch, Bd. 2, Burggrafenamt, Bozen 1973, S. 57–104.

Hans Nothdurfter, Schloss Tirol, Eppan 1986.

Elisabeth Castellani Zahir, Die Wiederherstellung von Schloss Vaduz 1904 bis 1914 (Burgendenkmalpflege zwischen Historismus und Moderne Bd. II), Stuttgart 1993.

[o.A.], Schloß Tirol – Die Wiege des Landes. Geschichte und Kunst, Lana 1995.

Eines Fürsten Traum. Meinhard II. – Das Werden Tirols, Tiroler Landesausstellung Schloss Tirol – Stift Stams 1995, Dorf Tirol-Innsbruck 1995.

Lorenzo Dal Ri, Testimonianze di edifici di epoca carolingia e ottoniana nell'alta Valle dell'Adige. Gli scavi di Castel Tirolo, in: Hortus Artium medioevalium. Journal of the International Research Center for Late Antiquity and Middle Ages 3 (1997), S. 81–100.

Das Geheimnis der Turris Parva. Spuren mittelalterlicher Vergangenheit auf Schloss Tirol, Ausstellungsband, Schloss Tirol 1998, Innsbruck 1998.

Elisabeth Castellani Zahir, Welches Mittelalter? Der Wiederaufbau von Schloss Tirol zwischen Romantik und (Neu-)Romanik 1816 bis 1915, in: Schloß Tirol – Saalbauten und Burgen des 12. Jahrhunderts in Mitteleuropa (Forschungen zu Burgen und Schlössern 4), München-Berlin 1998, S. 61–72.

Bauforschung auf Schloss Tirol, Heft 1–6, 1999–2014.

Catrin Marzoli, Die Kirchengrabung von Schloss Tirol, in: Archäologie der Römerzeit in Südtirol. Beiträge und Forschungen (Forschungen zur Denkmalpflege in Südtirol 1), Bozen-Wien 2002, S. 1053–1069.

Julia Hörmann, Schloss Tirol. Mit einem Leitfaden zu den Portalen von Siegfried de Rachewiltz, Lana [2]2004.

Carl Kraus, Malerische Ansichten. Zum Tiroler Burgenbild im 19. Jahrhundert, in: Die Burgenzeichnerin Johanna von Isser-Großrubatscher (1802–1880), Ausstellungskatalog Schloss Tirol, Bozen 2010, S. 55–66.

Leo Andergassen, Kult und Bild. Die gotischen Wandmalereien in der Burgkapelle von Tirol, in: Schloss Tirol 1971–2011. Neues Leben in alten Mauern, Bozen 2011, S. 46–81.

Martin Bitschnau, Walter Hauser, Martin Mittermair, Die Baugeschichte von Schloss Tirol im Hochmittelalter, in: Schloss Tirol 1971–2011. Neues Leben in alten Mauern, Bozen 2011, S. 212–237.

Lorenzo Dal Ri, La cella memoriae /"Reliquiengrab" della chiesa paleo-cristiana di Castel Tirolo. Alcune osservazioni, in: Schloss Tirol 1971–2011. Neues Leben in alten Mauern, Bozen 2011, S. 135–141.

Marco Gozzi, I libri liturgici di Castel Tirolo, in: Schloss Tirol 1971–2011.

Neues Leben in alten Mauern, Bozen 2011, S. 82–111.

Johann Kollmann, Die Kaplanei zum hl. Pankratius in Schloss Tirol einst und jetzt, in: Schloss Tirol 1971–2011. Neues Leben in alten Mauern, Bozen 2011, S. 11–46.

Helmut Stampfer, Beiträge zur Geschichte der Restaurierung von Schloss Tirol, in: Schloss Tirol 1971–2011. Neues Leben in alten Mauern, Bozen 2011, S. 112–121.

1. Auflage 2015
© 2015 Verlag Schnell & Steiner GmbH
Leibnizstraße 13, D-93055 Regensburg
Satz und Druck:
Erhardi Druck GmbH, Regensburg
ISBN 978-3-7954-2937-9

Weitere Informationen zum Verlagsprogramm erhalten Sie unter: www.schnell-und-steiner.de

Bibliografische Information der Deutschen Nationalbibliothek.
Die Deutsche Nationalbibliothek verzeichnet diese Publikation in der Deutschen Nationalbibliografie; detaillierte bibliografische Daten sind im Internet über http://dnb.d-nb.de abrufbar.

Vordere Umschlagseite:
Südansicht von Schloss Tirol

Rückwärtige Umschlagseite:
Jakob Ulrich Pirchstaller, Planblatt Schloss Tirol, 1816 (Innsbruck, Tiroler Landesmuseen - TLMF)

Rückwärtigen Umschlagseite innen:
Bauphasenmodell und Baualtersplan

Foto- und Bildnachweis: (wenn nichts anders angegeben Landesmuseum Schloss Tirol); Emil Wassler, Tirol: S. 2, 4, 6, 10–11, 20–23, 30, 32–35, 38, 45–46, 50–51, 53–54, 56, 60, 62–63, 66, 68, 70–71, 73–74, 76–77; Frank Wing, San Francisco: Umschlag, S. 1, 15–16, 27, 30–31, 33, 39–40, 42, 44, 47–48, 52, 58–59, 66, 69; Leo Andergassen, Brixen: S. 8–9, 17; Paolo Chistè, Trient: S. 67; spherea3D - Peter Daldos, Bozen: S. 61, 64; Tappeiner Athesia, Bozen: S. 9, 25, 55, 76; Jürgen Eheim, Brixen: S. 70; Autonome Provinz Bozen – Südtirol – Amt für raumbezogene und statische Informatik: S. 80; www.airvisual.info: Cover

Burgenland Südtirol

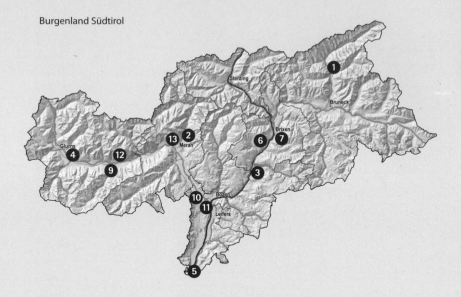

In der vom Südtiroler Burgeninstitut, Bozen, begründeten Reihe „Burgen" sind erschienen:

SÜDTIROLER BURGENINSTITUT
Obstplatz 25 · I-39100 Bozen
Tel./Fax +39 0471 982255
www.burgeninstitut.com